贵州改革
GUIZHOU REFORM

2022年度贵州省改革试点优秀成果汇编

2022NIANDU GUIZHOUSHENG
GAIGE SHIDIAN YOUXIU CHENGGUO HUIBIAN

中共贵州省委改革办 ◎ 编

贵州大学出版社
Guizhou University Press

图书在版编目（ＣＩＰ）数据

2022 年度贵州省改革试点优秀成果汇编 / 中共贵州
省委改革办编 . -- 贵阳 ：贵州大学出版社，2023.8
  ISBN 978-7-5691-0772-2

Ⅰ . ① 2… Ⅱ . ①中… Ⅲ . ①区域经济发展－成果－
汇编－贵州 Ⅳ . ① F127.73

中国国家版本馆 CIP 数据核字（2023）第 139125 号

2022 年度贵州省改革试点优秀成果汇编

编　　者：中共贵州省委改革办

· ·

出 版 人：闵　军
责任编辑：但明天
装帧设计：陈　艺　方国进

· ·

出版发行：贵州大学出版社有限责任公司
　　　　　地址：贵阳市花溪区贵州大学北校区出版大楼
　　　　　邮编：550025　电话：0851-88291180
印　　刷：贵阳精彩数字印刷有限公司
开　　本：720 毫米 ×1000 毫米　1/16
印　　张：12.5
字　　数：159 千字
版　　次：2023 年 8 月第 1 版
印　　次：2023 年 8 月第 1 次印刷

· ·

书　　号：ISBN 978-7-5691-0772-2
定　　价：86.00 元

编 委 会

主　编：徐天才

副主编：肖章杰

成　员：尤发彪　杨昌德　张烈烈　李　矜

宋　宽　熊　强　代芹涟　黄羽翔

杜宝玉　崔楠翊　肖来由　徐开梅

向　媛　王丽丽　高梦熹　唐　凡

前　言

　　党的十八届三中全会以来，贵州省各地各部门坚持以习近平新时代中国特色社会主义思想为指导，深入学习贯彻党的二十大精神、习近平总书记关于全面深化改革的重要论述和视察贵州重要讲话精神，全面贯彻落实国发〔2022〕2号文件精神和省第十三次党代会、省委十三届三中全会精神，坚持围绕"四新"主攻"四化"主战略和"四区一高地"主定位，坚定不移推进全面深化改革，一些重点领域改革走在全国前列，为贵州高质量发展和现代化建设注入强劲动力。为此，省委改革办、省人力资源社会保障厅会同省委全面深化改革委员会各专项小组联络员单位组织开展了2022年度"贵州省综合改革示范奖"表彰工作，评选出一批优秀改革示范成果及先进改革集体和个人。

　　为更好发挥全省优秀改革试点的示范、带动作用，加强改革经验交流，营造良好改革氛围，激发各地各单位大胆试、大胆闯、主动改的改革精神，凝聚力量推动新时代贵州改革实践走深走实，现将2022年度表彰工作中，入围"优秀改革试点"现场评选的30个改革试点优秀成果公开出版，供各地、各单位学习参考。

目 录

二〇二二年度贵州省

『优秀改革试点』

表彰项目

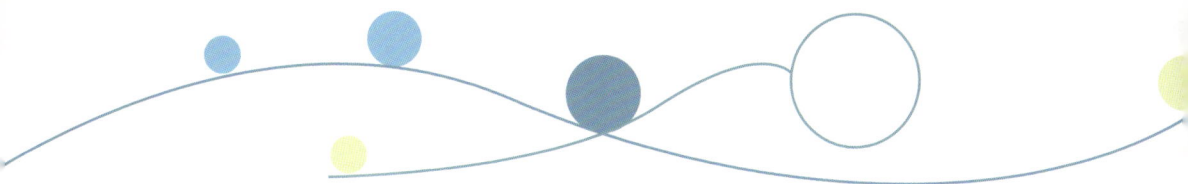

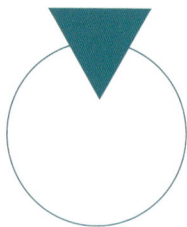

- 贵州省政府网站集约化改革试点

- 雷山县国家生态综合补偿试点

- 黔南布依族苗族自治州运用数字中心平台推进社会治理及服务民生数字化试点

- 赤水市生态产品价值实现机制试点

- 黔西南布依族苗族自治州易地扶贫搬迁"新市民计划"基本公共服务标准化专项试点

- 铜仁市市级巡察机构在上下联动中更好发挥作用试点

- 贵阳贵安"强省会"创新打造"15分钟生活圈"改革试点

- 贵州医科大学探索激励创新政策落地试点示范高校建设

- 贵州省森林康养基地建设试点

- 贵州"青年友好型成长型省份"建设试点

贵州省政府网站集约化改革试点

贵州省人民政府办公厅

为什么要改革？

习近平总书记强调，"要以信息化推进国家治理体系和治理能力现代化"。（2016 年 4 月 19 日，习近平总书记在网络安全和信息化工作座谈会上的讲话）政府网站是网上政府的具体体现，是政府机关实现政务公开、政务服务和政民互动的重要渠道。2014 年，我省率先在全国探索政府网站集约化建设，取得初步成效。2018 年，国务院办公厅正式将我省作为政府网站集约化试点，提出要建设整体联动、高效惠民的网上政府目标。为此，我们全面梳理痛点难点，找准改革着力点、切入口。经调研，主要问题体现在以下四个方面：

第一，服务分散，使用不便。传统模式下，由于建设分散，服务不集中，老百姓只能"东市买马、西市买鞍"，东奔西跑，苦于奔波，迫切希望"一张网"提供全面服务。

第二，重复建设，资金浪费。传统模式下，各地、各部门自建政府网站，需要单独建机房、买设备、搞维护，耗时耗力，资金浪费非常严重。

第三，数据不通，发展受限。各部门各自为政，数据标准不统一，数据难以聚集，资源难以共享，政务数据"聚、通、用"受到严重限制。

第四，安全隐患问题频出。各地各部门硬件、软件、人员、资金配备能力参差不齐，加之对政策理解不到位，安全事件频发，网站意识形态主阵地作用受到严峻挑战。

具体有哪些改革？

习近平总书记指出，"我们中国共产党人干革命、搞建设、抓改革，从来都是为了解决中国的现实问题"。（《求是》2013 年第 22 期）我们坚持问题导向，历时近 10 年，创新采用"基础平台统一建设、共性应用统一支撑、特色应用整合接入、运维服务自主选择"的省级统建模式，推进全省政府网站集约化改革。

第一，在基础平台方面推进改革，强化"一朵云"承载，变分散自建为集中统建。各地、各部门不再保留自建机房，不再购置系统设备，将现有的网站全部迁移到省级统一平台，最大限度地减少重复建设和资金浪费。截至目前，不仅完成全省政府网站 100% 集约迁移，还为党委、人大、政协等 100 余家网站提供服务，超额完成国家试点任务。

第二，在数据融通方面推进改革，强化"一个库"汇聚，变分散存储为统一存储。数据资源是战略资源，我们按照分类科学、集中规范、共享共用的要求，构建了统一信息资源库，实现 100% 数据资源归集，从根本上解决数据不通的问题。

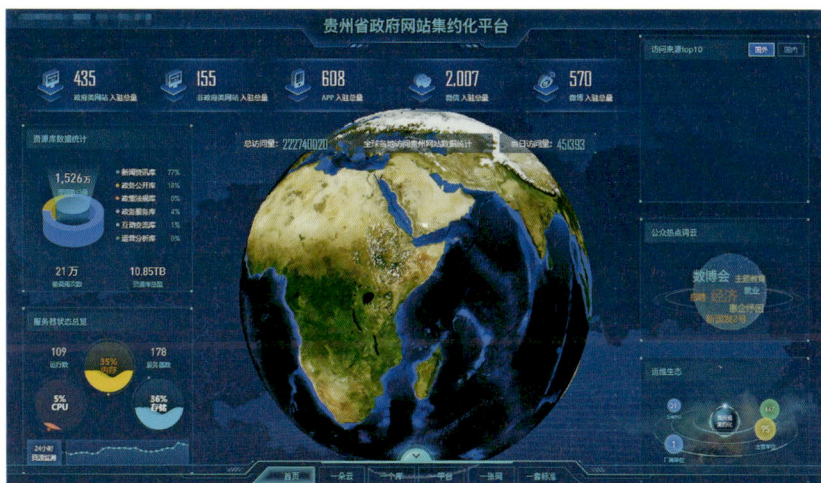

😊 贵州省政府网站集约化平台——首页

😊 贵州省政府网站集约化平台——一朵云

第三，在共性支撑方面推进改革，强化"一平台"支撑，变各自开发为统一提供。我们从内容管理、运维监管、政务公开、政务服务、互动交流等十大共性能力方面统筹推进建设，全面支撑各地、各部门建设管理需求，各地不再重复投入。

第四，在融合服务方面推进改革，强化"一张网"服务，变零星集市为统一超市。以提升企业群众满意度和体验感为目标，纵深推进政务服务与政府网站深度融合，实现信息服务"一站登录、全省漫游"，推进办事服务"全省通办、跨省通办、一窗通办、一网通办、一证通办"。

第五，在生态发展上推进改革，强化"一套标准"管理，变各自为政为整体协同。我们建立完善"建、管、办、督"四位一体工作体系，梳理制定"1+5+N"标准规范，为建设整体协同、高效惠民的网上政府提供有力机制保障，牢牢守住意识形态主阵地，弘扬砥砺奋进主旋律。

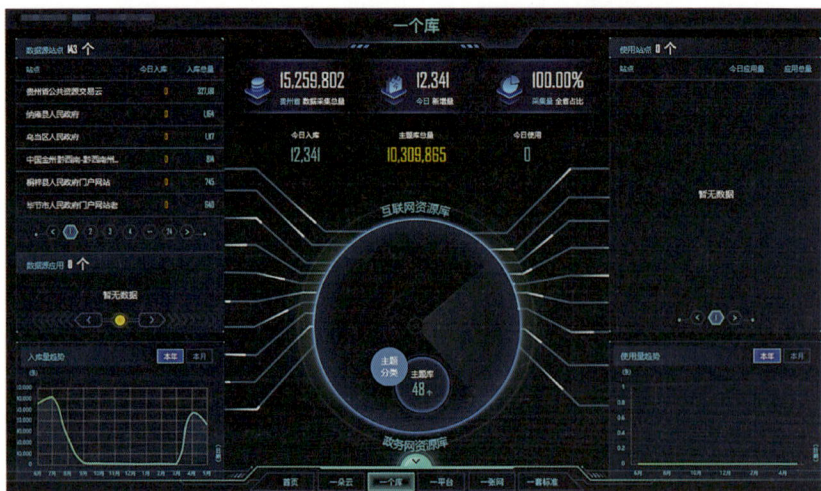

● 贵州省政府网站集约化平台——一个库

改革取得了哪些成效？

一是提升了服务水平。监测数据显示，通过集约化改革，老百姓和企业查找信息的时间明显缩短，可以享受的服务也显著增加，服务质量明显提升。截至目前，集约化平台数据调用 30 多万次，智能搜索 2500 多万次，累计办理各类企业、个人咨询诉求留言 60 多万条，为优化政务服务、营商环境提供了有力抓手。

二是减轻了基层负担。通过打造"平台建设省钱、运维服务省力、安全保障省心"的"三省"服务，相较传统自建自运维模式，一次性节省建设资金 1.8 亿元，每年节省运维资金 3000 余万元。同时，将基层工作人员从复杂繁重的技术运维中解脱出来，将精力更好地投入到网站内容服务上，带动全省政府网站发展水平实现跨越式提升。贵州省政府门户网站连续 6 年绩效评估排名全国前三，各市、县政府网站排名整体靠前。谌贻琴、李炳军等领导同志多次做出批示肯定。

三是打响了贵州品牌。国务院办公厅高度认可，将贵州典型做法写入国家政府网站发展指引，相关改革成效印发全国参阅。2022 年，国办通报贵州省政府网站监管工作考核列全国第一梯队。近年来，先后 20 余个省（区、市）到我省学习考察，对"贵州模式"给予高度评价。《人民日报》《经济日报》等主流媒体对我省经验做法进行了宣传报道。

四是守牢了安全阵地。集约化改革后，全省政府网站有效应对各类攻击 120 亿次，安全稳定运行实现可管可控，至今未发生重大安全事件。通过集约化平台，全省 400 余家单位部门第一时间联动发布党中央、国务院，省委、省政府重大决策信息、重要新闻报道，为全省各级、各部门共同唱响贵州主旋律、凝聚贵州正能量、传播贵州好声音、守牢意识形态主阵地提供坚强保障。作为全省政府网站主管单位，省政府办公厅多次获国务院办公厅、省委网信委的肯定和表彰。

这些成绩的取得，得益于省委、省政府的坚强领导，有关部门的大力支持，在此表示衷心感谢！

雷山县国家生态综合补偿试点

黔东南苗族侗族自治州生态环境局雷山分局

近年来，雷山县深入践行习近平总书记视察贵州时提出的"持之以恒推进生态文明建设，在生态文明建设上出新绩"理念，抢抓列入国家生态综合补偿试点县机遇，通过创新生态补偿机制，带动更多群众共享生态补偿红利。

一、创新生态综合补偿推进机制

一是强化组织领导。织密生态综合补偿试点建设体系，县委书记、县长任双组长，下设工作专班，采取"月调度、季通报、年总结"的工作机制，体系化、项目化推进具体工作专题研究，难点问题专项解决。二是明确工作职责。制定出台《雷山县生态综合补偿试点方案》，建立工作、项目、政策、责任"四张清单"，将试点重点任务划分为 6 个方面 38 个小项任务，细化分解季度、年度具体任务，每个小项指标量化到各级各部门、到岗位、到个人。三是加强资金保障。积极抢抓试点机遇，坚持"向上争取一点，有效整合一点"，设立支持生态保护区内发展的专项资金，健全农业补贴和农业生态环境补偿制度，并出台《雷山县生态保护补偿专项资金管理使用办法》，为推动试点任务落实提供有力资金保障。

二、创新森林生态效益补偿机制

一是实施公益林补偿。建立以村集体为责任主体的生态管护关系，根据生态区位、管护状况等情况，建立公益林补偿标准动态调整机制，公益林补偿资金实现行政村全覆盖。截至 2022 年，补助资金 7879.78 万元，惠及农户 1.77 万户。二是推进商品林赎买试点。加强对重点生态区位商品林赎买工作的组织领导，保障重点区位商品林赎买工作规范。通过落实人工商品林赎买政策，兑现 27 户，2021 年公益林区人工商品林赎买面积 66 公顷，补助资金 473 万元，户均增收 17.52 万元。三是实施商品林停伐补偿。将全县 7147 公顷天然商品林分解落实到村集体和林权所有者，建立村集体和个人天然商品林管护责任制，聘请 15 名专职林管员负责监督、核查，根据各村天然商品林保护情况发放补偿资金，有效遏制各种破坏天然商品林行为。截至目前，全县发放天然商品林停伐管护补偿金 110.63 万元。四是实施森林管护酬金补偿。聚焦森林生态安全，优先选用一批就业困难劳动力群体和边缘户家庭成员常态化开展森林巡护、防火等工作。根据管护林地面积大小、难易程度以及管理成效等情况发放酬金补偿，带动全县 2002 名就业困难劳动力年均增收 1 万元。

三、创新重点水域生态补偿机制

一是实施县域河流保护补偿。建立健全"河长＋保洁员"机制，聘请河道专职、临时保洁员 54 名，全面实现流域"一张图"管理。设立重大水利工程建设基金，加强对县域内河流上下游等重要生态功能区的生态保护与建设，在政策和产业方面进行扶持。如，积极统筹资金 4070 万元开展丹江河、望丰河及平江河治理工程，有效综合治理河道长度 17.79 公里，保护农田 167 公顷，投入 1.27 亿元；建设农村污水处理项目 94 个，惠及群众 1.46 万户 5 万余人。二是实施集中式饮用水源保护补偿。探索建立集中式饮用水水源地环境保护补偿机制，自 2018 年以来，每年平均投入 220 万元，通过"以工代补、以工代偿"的方式，因地制宜吸纳水源地群众参与水源地保护项目建设，担任水源地巡护员，助推水源地群众就业增收。截至目前，全县已累计投入集中式饮用水源保护资金 880 余万元，覆盖水源保护地 86 个，受益群众 7.7 万余人。三是实施水资源市场化保护补偿。建立水资源有偿使用机制，积极推进水资源有偿使用和交易，明确由受益方通过就业扶持、经济补偿、技术援助等方式对水资源供给地给予补偿。如，雷山县退役军人王某利用达地乡优质水源创办山泉水生产企业，在销售饮用水产品获利的同时，该企业以就业扶持、经济补助等方式每年综合补偿达地乡背略村群众 50 余万元。

🔼 农村污水处理厂

四、创新绿色生态产业补偿机制

一是实施生态旅游入股补偿。充分利用雷公山独特的自然资源，每年投入全域旅游发展专项资金不少于 3000 万元，大力推动生态旅游转型发展。西江景区每年从门票总收入中提取 18% 作为民族文化保护资金，对景区民房保护完好的农户进行奖励，既让村民享受到了旅游红利，又调动了他们参与保护民族文化的积极性。西江村村民人均收入从 2007 年底的 1700 元增加到 2022 年的 2.3 万元，增长了近 14 倍。2022 年，全县景观利用森林面积 1467 公顷，精品民宿 665 家，全县接待游客 733.1 万人次，实现旅游综合收入 72.25 亿元，综合带动全县 5 万余人持续增收。二是实施生态农业奖励补偿。建立耕地保护补偿及农业面源污染生态补偿机制，对使用有机肥料和生物农药的农户加大奖补力度，对 25 度以下坡耕地休耕和因地制宜发展林茶、林药、林菌、林蜂、林鸡等林下经济产业的农户给予适当的资金奖补，充分激发农民保护耕地、推动生态平衡的积极性和主动性。目前，发展茶叶、中药材、食用菌种植面积 15200 公顷，林蜂、林鸡分别达 1.38 万箱、35.5 万羽，综合带动全县 2.7 万户 9 万余人增收。三是实施生态工业就业补偿。大力发展以优势林产品精深加工、优质山泉特色饮品、风力发电等为重点的绿色生态轻工业，探索开发茶衍生品、天麻＋、鱼酱酸等系列特色食品，延长产业链，提高产品附加值。截至目前，全县注册茶叶市场主体达 156 家，获 SC 生产许可企业 31 家，省级龙头企业 5 家，州级龙头企业 7 家。以茶叶、山泉水为主的特色生态工业产值达 11.18 亿元，带动 1.3 万余人实现就近就业稳定增收。

🔵 大塘镇九十九林下食用菌

🔵 西江镇乌高村林下养蜂

五、创新生态保护损害补偿机制

一是设立环境保护法庭。在县人民法院的基础上设立雷公山环境保护法庭，探索创新"司法＋碳汇补偿"模式，加强对辖区内雷公山国家级自然保护区、雷公山国家森林公园等重点生态功能区、敏感区、脆弱区的生态环境司法保护。截至目前，雷公山环境保护法庭办理 94 件环境资源类案件，涉案人数 116 人，涉案金额 139.68 万元。二是建立农业污染损害赔偿制度。划定生态保护红线、永久基本农田、城镇开发边界等三条控制线，对农业项目设置"绿色门槛"，对生态环保不达标的农业项目实行"一票否决"，获得最高人民法院主要领导肯定批示。2022 年，获得贵州省"绿水青山就是金山银山"实践创新基地命名。三是建立工业污染损害赔偿制度。坚持绿色雷山拒绝污染，动态监测企业绿色生产、节能降耗、排污处理等情况，对因能耗高、废气处置不达标严重影响生态环境的企业，坚决予以处罚并责令其停业整改，对涉及重化工、重金属、工业固体废弃物的工业企业坚决予以关停，切实筑牢生态环境安全屏障。截至目前，雷公山已永久关停两家铁合金污染企业，全县空气质量优良天数率 98.4%。

黔南布依族苗族自治州运用数字中心平台推进社会治理及服务民生数字化试点

黔南布依族苗族自治州大数据发展管理局

近年来，黔南布依族苗族自治州抢抓贵州实施大数据战略机遇，持续探索数字中心平台建设，着力整合已有数字基础设施，建立健全本地数据资源管理机制，打造数字黔南底座，赋能区域产业发展、政府治理、民生服务。2022年，数字中心平台注册用户达20.6万人，累计组织交易规模124.9亿元，列入《中国数字政府建设技术蓝皮书》案例，获贵州省"一市一示范"改革试点。

一、政企联合，市场化推出中心平台

以组织、服务、管理数字化变革为驱动，由政府主导，引入社会资本，搭建数字中心平台并开展市场化运营，解决平台建设资金缺口、持续运营等难题。一是政府主导。成立由州委、州政府主要领导任双组长的数字中心平台领导小组，建立协调机制，统筹推进数字中心平台建设重大事项。2021年、2022年先后印发数字中心平台推广运用、巩固提升实施方案，统一目标规划，整合技术构架，打通数据壁垒，强化安全保障，构建了本地数字经济基础设施底座。目前，已整合全州机关企事业单位公共服务、行政服务、奖励服务和准入服务等数据，为数据资产最终服务政府决策提供可能和基础。二是企业主抓。成立黔南云码通数字产业运营有限公司（以下简称黔云通公司）作为数字中心平台建设经营主体，运用大数据、区块链、数字支付等新一代信息技术，建设本地组织网、服务网、交易网，并与政务服务专网实现互联互通，一端与本地实体企业连接，一端与各类渠道服务商连接，汇聚实时海量交易行为数据。截至目前，接入各类渠道服务商 390 余家，服务本地实体企业 23 万余家。三是市场运营。黔云通公司注册资本金 1 亿元，实行混合所有制经营，由州国有资本持股 45%、市场化主体持股 45%、战略投资者持股 10%，国有资本以持股方式强化企业管理和监督，与企业一同推动数字中心平台项目建设。实行数据分权管理，政府拥有数据管理权、黔云通公司拥有数据运营权、本地实体企业拥有数据所有权。黔云通公司通过政府授权，以数字服务为主要经营收入，确保中心平台持续运营，公司健康快速发展。

🔵 数字中心平台入围国家信息中心 2022 年《中国数字政府建设技术蓝皮书》

典型案例

数字中心平台数据看板

二、优化服务，场景化建设中心平台

依托数字中心平台（本地数字经济基础设施）整合的技术能力、数据资源，聚焦政府监管服务、企业与群众服务、数据价值化等方向，快速集约打造多个数字化场景，并得到省州广泛认可。一是打造政府数字化监管服务端。按照"统一技术架构，分层分域管理"的建设思路，搭建政府监管服务工作平台，包括成品油、酒店、餐饮等行业监管服务场景，提升政府数字化监管服务水平。其中，成品油场景已于 2022 年 8 月提升为省级平台，目前全省 2790 家加油站已实现全量接入。二是打造企业服务端。围绕"找政策、找资金、找人力、找市场、找政府、找服务"六大场景，搭建全州统一企业服务平台，推动各项政策、资金、项目等快速精准送达企业，实现政府服务企业闭环管理。截至目前，已注册市场主体 20.4 万余家，注册数和注册率位列全省第一；政策匹配推送 33.13

万次，兑现资金 96.9 亿元。三是打造个人服务端。搭建数字中心平台移动服务端"贵人家园"，从生活、工作、办事等多个维度丰富拓展应用场景，为全州企业和群众提供便民利企的服务。自 2022 年 11 月上线以来，注册用户 20.6 万人，发布就业岗位 4842 个，发放政府消费券 10 万余张，拉动本地消费 1122.13 万元。其中，工作劳动场景模式已被省人力资源和社会保障厅列为贵州省劳动者主题数据库及劳动关系备案建设试点。四是打造数据价值化场景。基于数字中心平台实时沉淀的社会数据，融合全国小微企业融资综合信用数据，形成企业画像，打造多个数字化金融服务场景，为企业精准便捷提供无抵押金融服务。截至目前，累计授信 8986 万元，累计放款 4731 万元。其中，为涉旅企业打造的供应链金融模式，已被省文化和旅游厅提升为全省旅游生态金融服务平台。

三、突出交易，多样化用好中心平台

搭建账户、平台、支付三大系统，完善本地数字化交易市场，为企业提供免费数字化经营管理工具，推动资金回流、数据沉淀，形成产业互联，赋能传统产业发展。一是推动资金交易数据回归。将数字中心平台作为省内外互联网企业与州内实体企业交易数据的中转站，将原本由携程、美团、一码游贵州等大型互联网企业"掌控"的交易数据"要回"本地，对交易行为和所有交易数据进行实时监督管理，实现对交易数据管理权的"回归"，为政府经济治理提供数据支撑。目前，数字中心平台沉淀交易数据 14 亿余条。二是推动交易流水回归。通过推广运用全域统一支付码牌"黔南一码付"，将原本需要在微信、支付宝、云闪付、各银行 APP 等支付工具总部所在地完成的结算转变为本地银行结算，使线上消费资金流水回归本地，提高本地银行存贷比，推动区域金融服务良性发展。截至目前，全州累计实现 12 亿余元交易流水回归。三是推动议价话语权回归。通过接入数字中心平台，本地企业组建数字经济产业联盟，在与各类渠道服务商进行价格博弈中获得议价话语权"底牌"，从而降低互联网交易佣金，提升区域实体企业议价话语权。截至目前，累计为本地实体企业降低线上佣金 5200 余万元，其中，景区板块线上佣金从 10% 降到 2%。

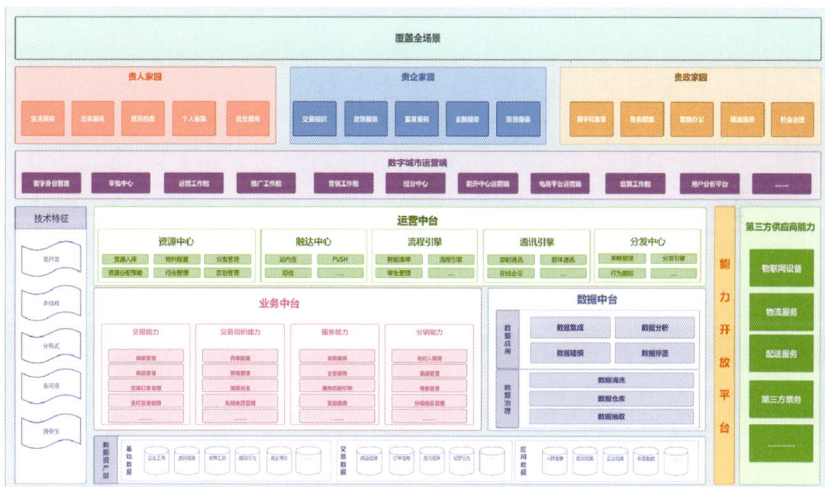

🔼 数字中心平台系统架构图

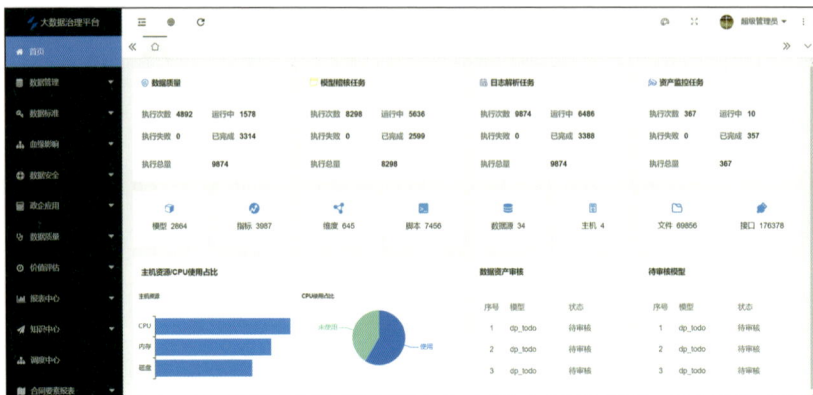

▲ 数字中心平台系统架构图

四、注重安全，技术化管控中心平台

按照安全技术措施"同步规划、同步建设、同步使用"的要求，抓实数据安全、网络安全及建立健全规范机制三项工作，取得突出成效。2023 年，数字中心平台密码应用解决方案列入工业和信息化部、国家密码管理局典型案例。一是强化数据安全防控。黔云通公司采用身份鉴别、数字签名、国密算法等技术，强化数字中心平台数据安全，确保数据高可用性，有效防止数据泄露。目前，数字中心平台运行以来未发生过任何数据安全事故。二是筑牢基础环境安全网。州大数据局充分运用智慧黔南政务云各类安全设施，严格落实巡检检查、值班值守、安全通报制度。通过制定云网应急预案，开展安全演练，提升应急处置能力。每年直接用于网络安全保障的费用达 1500 万元。三是健全安全管理机制。按照网络安全相关政策法规落实安全管理机制，签订安全保密协议，明确

州大数据局负责管理、审批、监督数字中心平台数据资源使用，黔云通公司负责构建安全可靠的数据开发环境，有效保护数字中心平台安全。

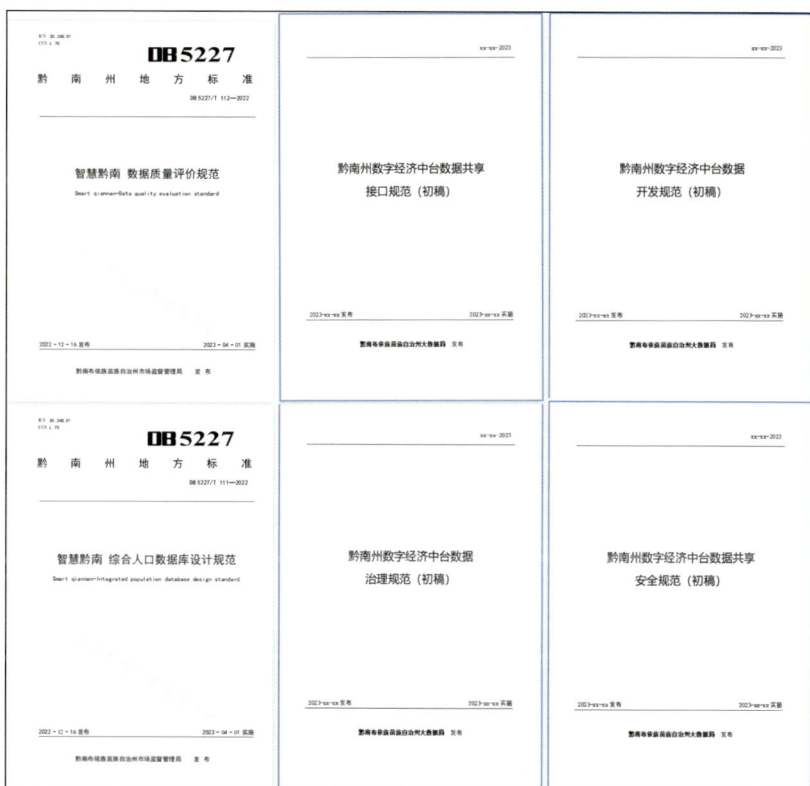

🔵 数据标准体系

赤水市生态产品价值实现机制试点

赤水市发展和改革局

　　近年来，赤水市深入学习贯彻习近平总书记生态文明思想，牢牢守住发展和生态两条底线，坚持"生态优先、绿色发展、共建共享"战略，积极探索多元化生态产品价值实现途径，大力发展生态工业、生态农业、生态旅游业，拓展"绿水青山"和"金山银山"双向转化的渠道，努力把自然生态优势转化为经济发展优势，使绿水青山"底色"更亮，金山银山"成色"更足。2020 年 5 月被贵州省发展和改革委员会批准为全省首批 5 个生态产品价值实现机制试点县（市）之一。

一、建立生态产品价值核算评估体系

　　一是分清种类。根据行业规范，将全市生态产品分为物质供给产品、调节服务产品、文化服务产品 3 项一级指标和农业产品、林业产品、淡水资源、生态能源、土壤保持、水源涵养、气候调节、固碳释氧、大气净化、生态旅游价值等 15 项二级指标，为实现生态系统价值核算提供坚实的数据支撑。二是核清价值。聘请权威机构开展全市生态系统生产总值（GEP）核算，充分掌握物质产品、水源涵养、土壤保持、洪水调蓄、固碳释氧、负氧离子生产等生态领域价值量。截至目前，该市生态系统物质产品、调节服务、文化服务价值量分别是 35.76 亿元、238.9 亿元、204.87 亿元，分别占生态系统生产总值的 7.46%、49.82%、42.72%。三是厘清产权。开展生态产品基础信息调查，明晰自然资源资产产权主体，对土地承包经营权、林权、小型水利工程产权、传统村落（古建筑）确权颁证，建立生态权益资源库，搭建林权抵押登记平台，通过开展林权抵押，解决林农和企业"贷款难"问题。截至目前，该市已确权承包土地面积 18576.5 公顷，颁发土地承包经营权证书 55354 本，完成小型水利工程产权制度改革 1690 个，抵押林权面积 24333 公顷。

🔵 贵州赤水：竹林晨韵

🔵 贵州赤水竹海湖鸟瞰

二、建立生态产品价值保护补偿体系

一是制定生态保护制度。制定《赤水市"三线一单"生态环境分区管控实施方案》,严格执行"三线一单"生态环境分区管控、环境影响评价、排污许可等制度。在全省率先开展生态保护红线划定试点工作,划定生态保护红线面积 844.30 平方千米。成立赤水市人民法院赤水河流域环境保护法庭,依法保护赤水河流域生态环境。截至目前,累计办理排污许可证 53 个,登记管理 587 家,依法办理环评手续项目 1798 个;实施生态修复治理矿山 16 个,面积 8.4 公顷。二是拟定生态责任清单。制定《赤水市生态环境保护责任清单》《赤水市环境违法行为举报奖励暂行办法》,健全生态环境损害问责机制,将生态文明建设和环境保护工作纳入部门综合目标考核和领导干部年度考核内容，建立县、乡、村三级党组织书记抓生态保护责任清单，使森林覆盖率从 64.69% 提升至 82.51%；赤水河、习水河出境断面常年保持 II 类水质标准，鱼类种群从禁渔前的 108 种恢复至 167 种，"十年禁渔"成效显著。三是确定生态补偿范围。按照"谁开发、谁保护，谁破坏、谁恢复，谁受益、谁补偿，谁污染、谁付费"的原则，制定印发《赤水市景区林地土地资源入股分红工作实施方案》，全面实施景区—林场—农户的生态旅游补偿机制，以年门票收入的 2.5% 作为林场、农户竹木资源的补偿费用，对旅游区内竹木资源实行限采限伐。2021 年，该市累计兑现森林生态效益补偿资金 1928.03 万元，退耕还林抚育补助 185 万元。

三、建立生态产品价值经营开发体系

一是做强生态工业。坚持生态产业化、产业生态化，聚焦"园区"发展生态竹木循环、绿色食品加工两大主导产业。生态竹木循环方面，依托自身 8.7 万公顷和周边地区 20 余万公顷竹资源优势，以赤天化纸业为龙头，全力推动纸制品全产业链发展，带动培育涉林加工企业近 400 家。2022 年 12 月，赤水市成功获得林草产业特色区域品牌"中国竹都"培育试点单位资格。绿色食品加工方面，依托赤水好山好水产好酒的地理优势和生态优势，采取"引进培育一批、改造升级一批、整合关停一批"方式，打造赤水河下游百亿级酱香白酒黄金产区和包材集聚区。截至目前，该市已签 5000 千升以上大型白酒企业 8 家，引进白酒配套企业 18 家，产能达 2.5 万千升，力争在"十四五"期间实现白酒产值、增加

值双双破"百亿元"目标。二是做实生态农业。坚持以工业化、现代化理念抓农业,提质培优以"10 万亩"金钗石斛,"100 万亩"丰产竹林,"1000 万羽"乌骨鸡为重点的农业"十百千"工程,培育出全省独一无二的金钗石斛产业、独具特色的竹产业、独具一格的乌骨鸡产业,构建起"山上栽竹、石上种药、林下养鸡、河谷酿酒"的山地特色立体农业体系,建成生态农业观光园 13 个,农产品加工转化率稳定在 70% 左右,连续 5 年位居全省第一。三是做优生态旅游。依托"丹霞、瀑布、森林、河流"等多种生态资源优势,围绕山水相依、景田相望、农旅相生、民宿聚集、文产相融的全域生态旅游新思路,打造对外开放景区景点 35 个,形成红色文化、世界遗产、生态康养、研学培训、户外运动旅游精品线路,创成遵义首个国家ＡＡＡＡＡ级景区,成功创建国家首批全域旅游示范区,带动 10 万群众吃上旅游饭,走上旅游路,发上旅游财。

🔼 贵州省非物质文化遗产:赤水晒醋传统工艺

🔼 苗族鼓藏节促进旅游经济复苏

🔼《中国丹寨第一瀑》贵州赤水

四、建立生态产品价值支撑保障体系

一是强化组织领导。成立生态产品价值实现机制试点工作领导小组，按照"政府主导、企业和社会各界参与、市场化运作"的工作思路，制定《赤水市生态产品价值实现机制试点工作方案》，形成党政主要领导亲自抓、分管领导具体抓、各职能部门齐抓共管的工作格局，为生态产品价值实现提供了有力的组织保障。二是强化政策支持。探索成立"两山"银行，将 GEP 作为抵（质）押物，深化拓展"林权抵押贷款""竹链贷""斛链贷"等绿色信贷产品，助推金融"活水"向绿色生态产业加快涌流，获批农行全省首笔 4.51 亿元竹林碳汇产业类贷款，已实现首笔投放 1.2 亿元，用于 9666.7 公顷竹基地项目建设，实现年碳汇交易收益 2400 万元。挂牌成立全省首家森林碳汇管理局，成功发行全省首张"10 万亩"楠竹林"丹青碳票"。依托农业"十百千"工程，积极开发金钗石斛、生态渔、竹笋等 12 个地方特色保险，投保额 4053 万元，撬动风险保障额 34.68 亿元。三是强化结果运用。创新考核机制，坚持把生态产品价值实现贯穿经济社会发展全过程，核算乡镇、行政村生态系统生产总值，将 GEP 变化量纳入高质量发展考核体系，每年安排 100 万元生态产品价值实现奖励基金，用于乡镇生态价值考核评估工作。同时，建立"党政领导、部门分工、环保监管、企业治理、社会监督、公众参与"生态环境问题挂牌督办机制，成为全国唯一一个县级自然资源负债表编制和领导干部自然资源资产离任审计试点县（市）。

黔西南布依族苗族自治州易地扶贫搬迁 "新市民计划"基本公共服务标准化专项试点

黔西南布依族苗族自治州市场监督管理局

黔西南布依族苗族自治州易地扶贫搬迁"新市民计划"基本公共服务标准化专项试点是由国家市监总局、国家发改委、财政部于 2020 年 3 月批准立项建设。该试点建设的主要任务是探索建立易地扶贫搬迁对象（试点称"新市民"）基本公共服务标准化长效机制，推进易地扶贫搬迁新市民安置区基本公共服务制度统一，让搬迁对象获得感、幸福感、安全感更加充实、更有保障、更可持续，实现新市民"搬得出、稳得住、快融入、能致富"。通过近三年来的创建，2023 年 2 月，黔西南布依族苗族自治州以 96 分的好成绩通过考核评估。

一、主要做法

以"111415"工作思路开展试点建设：

一是建立 1 套领导协调机制。建立州、县两级领导和协调机制，包括制定试点实施方案，成立试点工作领导小组，组建工作专班，建设标准化人才队伍，形成一级抓一级、层层抓落实的工作格局。

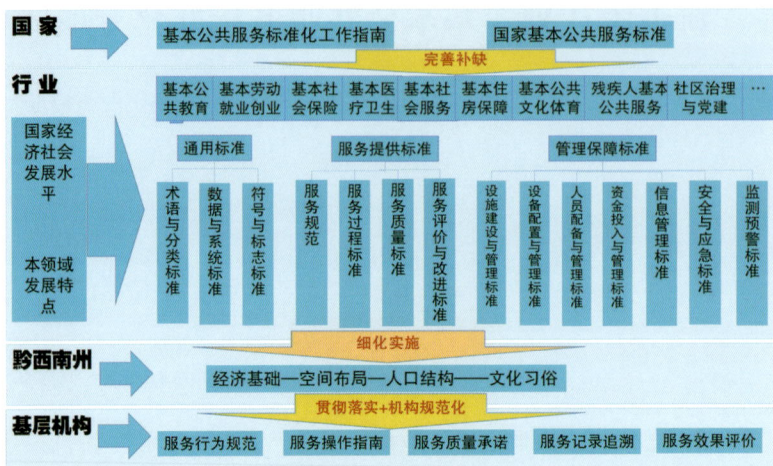

⬆ 黔西南布依族苗族自治州易地扶贫搬迁"新市民计划"

基本公共服务标准体系逻辑结构图

二是建立 1 张公共服务清单。建立《黔西南布依族苗族自治州易地扶贫搬迁基本公共服务清单》，涵盖 9 大领域 90 项服务，并根据新市民的群体特点，修改、增设了 15 项。在清单中对服务项目、服务对象、服务标准、支出责任及牵头单位予以明确。

三是建立 1 个服务标准体系。建立《黔西南布依族苗族自治州易地扶贫搬迁"新市民计划"基本公共服务标准体系》，覆盖基本住房保障、基本公共教育、基本医疗卫生、基本社会服务、基本社会保险、社区治理等 9 方面，包含设施建设、设备配置、人员配备及服务管理标准 491 项（其中，黔西南布依族苗族自治州地方标准 36 项）。

四是建立 4 套标准实施机制。建立基本公共服务标准的财政承受能力评估、标准信息公开共享、标准实施监测及预警和标准动态调整机制，确保各项服务事项及服务标准有效落实，并动态更新调整，满足新市民需求。

五是建立 1 个信息监测平台。建设新市民基本公共服务监测与预警平台，主要开展新市民居住区基本公共服务配套、社区治理及搬迁群众居住、就业、就学、就医、基本生活保障等落实 7 个方面、34 项标准内容的监测预警，形成线上线下联动抓落实的工作格局。

六是建立 5 项保障服务机制。强化对试点建设的组织保障、经费保障、智力保障、宣传保障和考核保障，为试点建设提供全方位保障。

二、工作成效

一是全面提升服务效率及新市民的满意度。通过各项标准化专项试点实施，按照"地域整合、空间整合、人员整合"原则，以标准化手段对新市民居住区服务设施、人员、机构进行资源优化配置，提升服务质量和效率，全州新市民居住区公众满意度在 95% 以上。

🔵 黔西南布依族苗族自治州晴隆县易地扶贫搬迁新市民社区 - 阿妹戚托小镇

二是扎实推动易地扶贫搬迁后续扶持工作。住房保障方面，共计办理 79843 本不动产权证，为 1400 余户发放公租房租赁补贴 72 万余元，并为 36 个新市民居住区提供物业服务。基本教育保障方面，配建 75 所学校（含幼儿园）及教师 5221 名，提供桌凳配套近 7 万个，保障学生全覆盖入学。为 18.82 万余新市民家庭经济困难学生发放资助资金 1.24 亿元。医疗保障方面，配建 58 所医疗机构及 300 余医务人员，实现家庭医生签约 100%。着力在 3 万人以上新市民居住区大型医院 3 个，提升医疗保障服务水平和能力。就业创业方面，拨付培训资金 11014 万元培训 17.83 万人次，已就业新市民劳动力 7.19 万户 17.14 万人，实现就业动态"双清零"目标。基本社会服务方面，规范并提供社工志愿服务、儿童临时照料、老年人休闲娱乐等服务。将符合条件的 5 万余新市民全部纳入城市低保进行兜底保障，为 132.64 万人次符合纳入城市低保的新市民发放低保金 5.12 亿元。残疾人基本公共服务方面，提供残疾人居家托养服务 207 人次，精准康复 869 人，就业创业培训 1075 人；提供家庭无障碍改造 902 户，为 12 名残疾人（或其子女）大学生发放资助资金 2.4 万元。基本社会保险方面，为 17.85 万新市民劳动力购买就业险，累计赔付 4858 人 1063.32 万元。州、县两级财政每年平均出资 371 万元为搬迁脱贫人口购买安居险，基本实现"建档立卡贫困搬迁人员"全覆盖，达到"应保尽保"目标。公共文化设施服务方面，组建老年歌舞队、文化宣传队等社会组织 609 个，开展各类文艺及志愿服务活动，每年组织开展活动 100 场以上。新市民文化活动参与率由试点实施前的 61% 提升至试点实施后的 87%。社区治理方面，依托"一中心一张网十联户"网格化管理机制，推动党建、政法、城市创建等实现"多网合一"，提升社区党组织快速反应、精准落实、服务群众能力。共建党总支 20 个、党支部 101 个，实现党的组织和工作全覆盖。配套社区"一站式"服务中心覆盖率 100%。组织开展文明示范社区、文明家庭、星级文明户等精神文明创建活动，提高小区精神文明创建水平。

◆ 搬迁群众陆明芝在阿妹戚托小镇工业园区制衣厂上班

三、经验总结

黔西南布依族苗族自治州创新制定了 36 项易地扶贫搬迁新市民基本公共服务州级地方标准。

国家发展和改革委员会印发"十四五"时期易地扶贫搬迁后续扶持工作指引第 39 期《贵州省黔西南布依族苗族自治州八个标准化服务全覆

盖谱写易地扶贫搬迁后续扶持新篇章》。

国家市场监督管理总局将试点建设做法作为易地扶贫搬迁基本公共服务标准助力精准扶贫典型案例纳入《中国标准化发展年度报告（2020年）》并对外发布。

中央电视台《新闻联播》对试点工作以新闻《新发展 新格局 以人民为中心 不断增进民生福祉》予以报道。

黔西南布依族苗族自治州被国务院办公厅、省政府办公厅列为全国、全省 2021 年易地扶贫搬迁后续扶持工作成效明显予以督查激励的市（州）。

🔽 兴义市洒金食用菌产业园

铜仁市市级巡察机构在上下联动中更好发挥作用试点

中共铜仁市委巡察工作领导小组办公室

在省委和省委巡视工作领导小组坚强领导、省委巡视办全程指导下，铜仁市委高度重视"市级巡察机构在上下联动中更好发挥作用"试点工作，树立"试点在铜仁、工作在贵州、服务在全国"的目标，坚持问题导向和目标导向相结合，务实完成124项具体任务，出台7大类57项制度机制成果，为深化巡视巡察上下联动提供了"铜仁经验"。铜仁试点工作得到中央巡视办、省委和市委等领导同志肯定性批示40余次，在全国、全省试点工作总结会上作经验交流发言。试点探索出的57项制度机制在全省全面推广，中央巡视办选编14项在全国推广。试点经验做法被新华社、《中国纪检监察报》、《党风廉政建设》等权威媒体报道推广30余次。2022年9月，中共铜仁市委巡察工作领导小组办公室荣获"全国纪检监察系统先进集体"荣誉称号。

一、试点背景

党中央高度重视巡视巡察工作，习近平总书记率先垂范，亲自谋划部署，发表一系列重要讲话，作出一系列重要指示批示，不断引领推动巡视实践、理论和制度创新。党的十九大以后，党中央建立完善了中央、省、市、县四级巡视巡察工作体系，全国有 32 个省级巡视机构、300 多个市级巡察机构、近 3000 个县级巡察机构。在这样的组织体系中，市级巡察机构应当在省域联动中发挥承上启下作用，从而在省、市、县三级实现"以一带十"的组织效果。近年来，市级巡察机构监督质量、规范化水平不断提升，但在职能定位、任务安排、统筹协调等方面还有潜力可挖，在破解熟人社会监督难、发挥系统作用方面还大有可为。针对这一情况，2021 年 6 月，中央巡视办从全国 300 多个市州中选取铜仁市作为全国 7 个试点市之一，开展市级巡察机构在上下联动中更好发挥作用试点工作。

🔼 2022 年 3 月，三届铜仁市委第一轮巡察集中培训

持续深入推广铜仁试点工作成果

二、主要做法及成效

一是突出关键环节,把握政治定位更加精准。市县巡察更加注重推动解决具体问题,在实际操作中容易偏离政治监督轨道。为保证巡察的政治方向,体现对不同层级、不同领域开展巡察的要求,防止"上下一般粗",我市巡察机构抓住关键环节,探索深化政治巡察的具体路径。建立"三个清单"制度,巡前制定政策清单、职责清单、问题清单,推动政治巡察更加具体精准。严格执行巡察报告组务会把关、组办联动会商把关、巡察办领导班子审核把关、巡察工作领导小组全面把关的"四重把关"机制,推动巡察组严格落实政治巡察要求,精准发现和报告问题。

二是突出常态长效,推动指导督导更加有力。市县巡察意见明确了市级巡察机构对县级巡察工作的领导和指导职责,这方面恰恰是工作的薄弱环节。我市巡察机构对标中央和省委巡视巡察指导督导做法,创新对区(县)巡察工作"三个联系"制度强化日常指导督导,系统建立了区(县)巡察工作"两报三审四反馈"制度,坚持专项工作及时报批、常规工作按时报备,严格把关巡察工作方案、报告、制度的政策性、规范性、准确性,对报批事项及时回复反馈,个性问题单独提示反馈,突出问题视情况通报反馈,共性问题定期汇总反馈,督促指导区(县)针对存在的问题改进完善,提升巡察工作规范化水平。

🔹 2022 年 3 月，市县巡察组对信访多、矛盾纠纷多的街道和社区开展联动巡察

三是突出统筹部署，谋划巡察任务更加科学。任务不均衡、力量不匹配以及熟人社会监督难是区（县）巡察工作中的普遍性问题，亟须市级统筹推动解决。我市巡察机构以市县党委换届为契机，一体谋划制定新一届市县党委巡察工作规划，强化市级统筹功能，综合考虑市级及各区（县）实际，对巡察轮次、对象和组织方式进行统筹安排，推动市级巡察力量下沉，合理调配区（县）巡察力量。如，我市在全面安排三届市委 110 个巡察对象的同时，计划对 78 个区（县）巡察对象提级巡察，并有计划地开展专项巡察、联动巡察、交叉巡察，综合运用各种方式破解难题。

四是突出标本兼治，巡察成果运用更加充分。针对整改责任落实不够有力、效果不够明显的问题，我市巡察机构系统建立整改责任机制、督促机制、评估机制，创新制定巡察成果运用、巡察整改材料"三方联审"、巡察移交事项办理情况督办等 11 项制度，强化巡察机构统筹督促责任，压实被巡察党组织整改主体责任，推动纪检监察机关、组织部门履行日常监督责任，合力推动整改落地见效。同时，对突出问题、普遍性问题开展专项治理，推动党委、政府及职能部门从根本上、源头上完善体制机制，系统解决问题，促进巡察监督、整改、治理有机贯通。

五是突出协作配合，彰显综合监督作用。我市巡察机构从健全制度机制入手，出台市委巡察机构与纪检监察机关及组织、政法、信访、审计、督查督办等部门协作机制，各单位从巡前情况通报、巡中提供协助、巡后督促整改全环节支持配合巡察工作，将巡察发现的问题与其他监督发现的问题进行综合分析、统筹整改、系统施治，实现"1+1>2"的效果。如，通过巡察监督与人大监督协作联动，推动解决了城区河道污染、中小学"大班额"、异地就医保障等 6 个群众关心关注的"急难愁盼"问题。

● 2022 年 4 月，三届市委第一轮巡察、第四巡察组提级巡察石阡县花桥镇

利用赶集天向群众宣传、推广"扫码巡"

　　六是突出组织保障，机构队伍建设更加规范。围绕试点要求，我市巡察机构从机构设置、人员编制、管理机制等方面加强巡察机构队伍建设，通过规范机构设置、增加人员编制并配齐配强工作力量，统筹市县巡察干部教育培训提升能力素质，"上挂下派""以干代训"弥补力量短板，创新机制严把巡察干部出入"关口"，严格流程要求，确保依规依纪依法开展工作，市县巡察机构的职责更加明晰，力量更加充实，运行更加有序。

贵阳贵安"强省会"创新打造"15 分钟生活圈"改革试点

贵阳市自然资源和规划局

生活圈是老百姓家门口的"幸福圈",与我们每个人的生活息息相关。近年来,贵阳贵安牢记习近平总书记"强化社区为民、便民、安民功能,做到居民有需求、社区有服务,让社区成为居民最放心、最安心的港湾"(《习近平春节前赴贵州看望慰问各族干部群众》,新华网 2021-02-05)的殷殷嘱托,把"强省会创新打造'15 分钟生活圈'改革试点"建设作为完善城市功能、提升城市品质、方便群众生活的重要抓手,坚持规划主导、清单主责、群众主体、基层主治,在省社会科学院等"外脑"资源的鼎力支持下,聚焦"教业文卫体、老幼食住行"十大要素,创新"划圈、建圈、用圈、管圈"改革举措,全力破解群众公共服务需求多元化与城市资源配置不足之间的矛盾,让市民步行 15 分钟就能享受全方位的公共服务,让幸福在老百姓家门口升级。我们主要从四个方面入手,着力推进试点建设。

🔵 云岩区贵阳市实验幼儿园

第一，坚持规划主导，划好"生活圈"。我们将生活圈规划嵌入国土空间规划，重点考虑了三个规划因素，因地制宜建立健全"划圈"机制。一是重构规划理念。按照基础保障型、品质提升型、特色引导型三大类型，综合考虑贵阳贵安城镇开发边界、自然行政边界、人口分布结构、市政交通网络、城市更新单元、空间集聚形态"六个维度"，以步行15分钟距离为半径，将贵阳贵安划分为140个生活圈。二是科学制定导则。按照"缺什么、补什么"的原则，根据国家自然资源部颁布的《社区生活圈规划技术指南》，制定了规划导则，涵盖养老、医疗、教育、购物、交通、健身、休闲等25项服务要素，并建立动态管控机制，对群众反映的急难愁盼问题予以落实。三是突出文化赋能。将城市记忆、"工矿"文化、"三线"精神等文化内涵结合起来，推动甲秀楼、文昌阁、电台街、文笔街等历史文化遗产传承发展，注重引导红色文化、阳明文化、民族文化等特色文化资源聚集，为生活圈塑"魂"。

⬆ 贵阳市修文县龙场街道文化站（正门远景）

第二，坚持清单主责，建好"生活圈"。我们坚持问需于民、问计于民、问效于民，创新性建立"四张清单"，清单化、数字化、项目化构建"建圈"机制。一是建立征求群众意见清单。通过问卷调查等形式广泛征求群众意见，邀请群众代表全程参与圈内设施布局图和一览表评审，多渠道、全方位发动群众全过程参与"15分钟生活圈"建设。二是建立项目清单。按照区域实际和群众需求，根据布局图和一览表逐年细化分解目标任务，梳理完善项目清单，科学拟定实施计划，有力有序推进项目建设。三是建立责任清单。强化市、县、乡、村四级联动，制定市、区（市、县）、乡（镇、街道）和村（社区）各级主体责任清单，明确领导责任、部门责任、属地责任，层层压紧压实工作责任，确保每个环节、每个流程责任到人、落实到位。四是建立资金清单。根据项目清单，精准测算建设资金需求，明确资金使用、来源、缺口，大力探索低效用地盘活、区域平衡等方式，引导社会资本、社区群众积极参与，多措并举缓解资金难题。

第三，坚持群众主体，用好"生活圈"。我们坚持把以人民为中心的发展思想作为根本遵循，创新性建立健全资源共享"用圈"机制，让生活圈更好地服务群众。一是向群众开放。不断盘活存量资源，推动全市机关、国有企事业单位等 148 处停车场 1.7 万余个停车位、852 所学校体育场馆实现错时免费开放。二是为群众服务。街道办事处推行错时、延时服务，上门、代办服务，推动高频事项"指尖办""网上办"，引进养老、托育、文化等社会组织，打造集党务、政务服务和公共服务于一体的综合性服务平台。三是由群众评价。建立规划、建设、运维、服务四维群众满意度评价体系，国家统计局贵阳调查队在全市抽取的 7234 份样本中 96.92% 的居民知晓"一圈两场三改"建设工作，"15 分钟生活圈"建设满意度评分达 94.30 分；"12345"热线平台在全市抽取的 1.02 万余份样本中，对"一圈两场三改"综合满意度达 99.58%。

🔵 贵阳市云岩区万江社区养老服务站

第四，坚持基层主治，管好"生活圈"。我们坚持建管并举，创新性建立健全多方参与"管圈"机制，推动生活圈管护与基层治理深度融合。一是党建引领。鼓励基层探索"党支部＋群众参与""党支部＋群众管理"等设施管护模式，实现党的组织和工作在基层治理全覆盖。二是智慧支撑。运用大数据技术，以"壹刻宝"为载体，"云场馆""云地图""云社区"构建"云生活"，向群众提供更加便捷的公共服务资源使用路径。三是市场运维。坚持市场化导向，全市17家行业主管部门及时建立相关设施场所的运营管理机制，鼓励社会企业参与，破除"一建了之"心态，切实做到"建设好、维护好、运行好"。

通过上述"四主机制"的建立，2021年至今，贵阳贵安已实施建设

99 个 "15 分钟生活圈",改造完成 84 个农贸市场,建成 25 个养老中心 233 个养老站点、33 个卫生中心(院),新增 4.9 万个公共停车位,打造了南明青云市集、花溪十字街等一批极具示范意义的优秀创新改革案例。

南明青云市集前身青云路,是很多贵阳人的记忆承载地和聚集地,这里汇集人气和烟火气的同时,脏乱差问题也给居民带来极大困扰,通过 "15 分钟生活圈" 建设,青云路实现了华丽蜕变,老旧楼房一改旧貌、杂乱摊位秩序规整、高颜值店铺强势入驻,老贵阳味道和新时代潮流碰撞,美食文化、民俗文化、商业文化和潮流文化相得益彰。智慧停车场、社区养老服务站、城市书屋、公共厕所等 12 项生活圈要素融入,成为集餐饮、运动、文创、休闲、社交等多业态于一体的网红示范街。

🔺 南明区青云市集

　　承载着花溪城市记忆的花溪十字街，是花溪文旅规划与城镇化发展格局相衔接的优秀探索。花溪独有的状元文化、"两周文化"、苗族文化、非遗文化、长征文化有机融入十字街四街九巷三大广场之中，与景观文化、创意文化交汇并茂。社区党群中心、养老服务站、综合性文化服务中心、生鲜超市、停车场、棚户区和老旧小区等城市更新项目，组合成特色鲜明的城市新空间，成为市井文化突出、生活气息浓厚的民生新地标。

　　在贵阳贵安"15 分钟生活圈"建设中，类似的典型示范项目不胜枚举，它们在保障民生需求的同时极具区域文化特色，实现了功能与品质双修，成为"人民城市人民建、人民城市为人民"的生动实践。保障和改善民生没有终点，只有连续不断的新起点。我们坚信，只要我们持之以恒、久久为功，就一定能不断实现贵阳人民对美好生活的向往！

贵州医科大学探索激励创新政策落地试点示范高校建设

│ 贵州省科学技术厅　贵州医科大学

一、改革背景

党中央、国务院和省委、省政府高度重视激发科研人员创新积极性，聚焦完善科研管理、提升科研绩效、推进成果转化、优化分配机制等方面出台了一系列激励创新的政策文件，多措并举赋予科研单位和科研人员更大自主权，调动科研人员积极性。但在政策落实中不同程度地存在政策执行不到位、科研人员获得感不强的问题，制约了政策实施效果，影响了科研人员的积极性、主动性。国务院第五次、第六次大督查对贵州省的督查反馈意见，在创新驱动方面分别提出了"国家有关激励创新的改革举措在高校、科研机构未完全落实""部分科研骨干技术入股受限，影响科研成果转化积极性"的整改问题。2019年年初，夏红民书记、何力副主任、王世杰副省长分别就激励创新政策落地作了重要指示，并成立了省深化科技体制改革专题组推动相关工作。

为打通激励创新政策在高校和科研院所落地"最后一公里"，省深化科技体制改革专题组选择贵州医科大学作为激励创新政策落地试点示范高校。为此,学校着重从深化体制机制改革、服务体系建设、激发科技人才创新活力三个方面进行改革。

▲ 贵州医科大学创新教育改革试点

二、主要做法

一是聚焦制度建设,营造成果转化良好环境。制定出台《贵州医科大学科技成果转移转化管理办法》《贵州医科大学教职工从事科技创新兼职、离岗创业管理办法》等规章制度,明确了科研人员在职务成果中的权益分配比例,特别是有领导职务的科技人员成果转化的权益分配比例和方式;明确了成果转化的方式、路径,鼓励科技人员通过成果转化领办创办企业。围绕"推动职务科技成果加快转化""鼓励科研人员兼职创业"两方面寻求突破,以项目推动政策的制定和实施;依托《贵州省深化科技体制改革案例政策解析"百问百答"》的工作机制，形成了一批"堵点"化解的基本标准，促进了政策的落地实施。

二是聚焦服务体系建设，深化体制机制改革创新。学校成立了以校长担任组长的科技成果转移转化工作领导小组、双创工作领导小组，设立科技创新与产业发展处作为专职部门推动科技成果转化；依托大学科技园建设科技成果转化、创新创业的实践基地；建立具有学校特色知识产权信息平台；培养并建立校院二级技术经理人队伍，鼓励技术经理人全程参与成果转化，委派技术经理人代表学校担任企业董事、高管并取得合法兼职收入，提高了成果转化的效率。学校积极推动科技创新融合发展，鼓励科研团队对成果进行转化和科研人员离岗或兼职创业；鼓励技术经理人和科研人员带领学生团队参加创新创业比赛、参与项目策划，不断推动成果转化与创新创业齐头并进。2019 年至今，学校通过参与国家及地方创新创业大赛，共获奖 113 项。

🔵 贵州医科大学"化学药仿创技术应用国家地方联合工程研究中心"

汤磊教授科研团队

三是聚焦职务科技成果赋权改革，激发科技人才创新活力。学校出台的政策中明确规定有领导职务的科技人员可以获得科技成果转化收益，并对成果转化的权益分配比例和方式进行细化规定。目前，学校形成了有领导职务的科技人员带头进行成果转化的良好局面。2021 年 12 月，学校党委副书记汤磊教授领衔的科研团队将三个化学创新药发明专利和系列化学原料药生产技术工艺等科技成果，以知识产权作价 3400 万元入股贵州中森医药公司，这是改革开放以来全省高校以知识产权作价入股实施科技成果转化的最大项目。项目已落地贵阳市化学原料药工业园区，达产后预计将实现年产值约 8 亿元。学校依据相关规定，将持有股权的 80% 奖励给汤磊教授领衔的科研团队，即学校持股 8%，科研团队持股 32%。其中，汤磊获得了 25% 股份的奖励，这一系列措施有力激发了科技人才的创新活力。

三、主要成效

一是自 2019 年省深化科技体制改革专题组把我校列为唯一的激励创新政策落地试点示范高校以来，学校入选了教育部首批"高等学校科技成果转化和技术转移基地""高校国家知识产权信息服务中心"，获批建设"医药健康现代产业学院"，均为贵州省唯一入选的高校。2022 年 9 月，我校大学科技园入选教育部首批"国家级创新创业教育实践基地"。

二是制定出台《贵州医科大学科技成果转移转化管理办法》及《贵州医科大学促进科技成果转化实施细则》等制度，明确了科研人员在职务成果中的权益分配比例，特别是有领导职务的科技人员成果转化的权益分配比例和方式；明确了成果转化的方式、路径，鼓励科技人员通过成果转化领办创办企业；将成果转化业绩纳入职称评聘考核。

三是初步培养和建立校院二级技术经理人队伍，鼓励技术经理人全程参与成果转化，委派技术经理人代表学校担任企业董事、高管并取得合法兼职收入，提高成果转化的效率。

四是科技成果转化和技术服务交易额从2019年的3400万元增长到2022年的9300万元，产生了中森医药、博安生物等一批有领导职务的科技人员担任股东和高管的创新型企业。陈少波秘书长在全省科技工作推进大会上，对贵州医科大学职务科技成果作价入股转化给予了充分肯定。

五是改革成果得到省委改革办的肯定并纳入优秀改革动态，形成了可复制、可推广的改革经验。

🔵 贵州中森医药公司作为重大科技成果转化的校企合作企业

正式签约入驻贵阳市化学原料药产业园

贵州省森林康养基地建设试点

贵州省林业局

一、试点背景

（一）贵州特有的资源优势，为发展森林康养提供基础

优良生态环境是贵州最大的发展优势和竞争优势。近年来，贵州作为全国首批、西部唯一的国家生态文明试验区，生态环境质量持续稳居全国前列，退耕还林面积居全国第一，森林覆盖率连续增幅全国第一。良好的生态环境越来越成为贵州最突出、最响亮的招牌，贵州特有的"六度三爽"资源，已然成为贵州在全世界范围内的独特优势，使贵州成为理想的康养度假和避暑胜地。

（二）老龄化的日益增长，为发展森林康养创造需求

在"人口老龄化"和"亚健康"剧增的环境下，健康与长寿成为全社会共同关注的热点，人民期待天更蓝、地更绿、水更清，生活更美好。森林康养由于独特的治疗功效而备受关注，逐渐成为国际流行的康养模式，其作为我国大健康产业的新模式、新业态，符合低碳、循环、可持续的基本要求，具有广阔的发展前景。

🔵 西秀九龙山——俯瞰别墅群

（三）政府重视高位推动，为发展森林康养增进信心

党的十八届五中全会把建设"健康中国"上升为国家战略后，党中央、国务院对康养产业高度重视，连续 3 年对森林康养作出部署安排。党的十九大和二十大再次提出实施健康中国战略，对提高全民健康水平进行了重要部署。贵州省委省政府高度重视森林康养产业发展，将"实施森林康养步道提升工程 100 公里"列入 2022 年全省十件民生实事。2022 年年底，李炳军省长高度重视森林康养产业发展工作，并多次作出重要批示，提出"发展森林康养，我省很有优势，要选几个点进行重点突破，以点带面，推动发展"，再次为我省森林康养产业高质量发展指明了前进的道路。

二、改革举措

（一）出台政策，稳步推进

从省级层面制定政策支持产业发展，先后出台《关于推动绿色发展建设生态文明的意见》《关于加快发展新经济培育新动能的意见》等文件，将森林康养纳入重点发展产业，连续 6 年被写入省政府工作报告及相关文件。省林业局、省卫生健康委等 4 部门联合印发《关于推进森林康养产业发展的意见》，明确建立集康复疗养、养生养老、休闲度假于一体的森林康养产业体系的目标任务。省卫生健康委、省发展改革委等 15 部门联合印发的《关于加快推进医疗健康服务和养老服务融合发展的实施方案》，在全国率先将森林康养合规性项目纳入医保报销范围。

（二）出台规划，规范发展

突出加强森林康养的规划引领，编制印发《贵州省森林康养"十四五"发展规划》，构建了"一核四区多节点"的空间布局。到 2025 年，将提升建设森林康养试点基地 70 个，森林康养步道将达到 300 千米，预计实现年服务能力 150 万人次以上，将贵州打造成国内一流的森林康养度假目的地。

（三）出台标准，打造品牌

在全国率先出台《贵州省森林康养基地建设规范》《贵州省森林康养基地规划技术规程》两项地方标准和《森林康养小镇》《森林康养人家》《森林康养步道建设规范》三项团体标准，同时制定《贵州省省级森林康养基地评定办法》《贵州省省级森林康养基地管理办法》《贵州省森林康养基地健康管理中心建设指南》，创建了全国第一个森林康养公共品牌"乐享贵山贵水"及 Logo，为贵州省森林康养产业发展布局、试点基地建设管理、人才培养体系、产业强链建设、组织保障等提供政策依据。

（四）开展试点，探索经验

探索了"公司＋基地""公司＋农户＋基地""公司＋合作社＋基地"等近 10 种经营模式，初步形成了山地气候型、山地温泉型、林茶复合型、林药结合型与健康服务业融合发展的康养方式。从 2017 年启动森林康养试点基地建设以来，分别发布了 78 个森林康养试点基地，启动了凤冈、黄果树、江口三个全域森林康养试点单位，涉及全省 9 个市（州），66 个县（市、区），位居全国前列。六年来，我省森林康养蓬勃发展，成为新时期林草行业发展新业态。

（五）成立机构，完善体系

成立省级大健康产业森林康养领导小组，统筹推进森林康养产业发展，组织制定重大政策制度，各市（州）分别设立相关的领导协调机构。成立森林康养研究院、森林康养工程研究中心、森林康养创新联盟，积极与建设银行贵州省分行协作，上线启动"建行善融商务平台贵州森林康养专区"。着力加强专业人才教育培训，举办森林康养专题培训班 11期，培训专业人员 1000 余人次。

🔵 龙里林场森林康养基地龙仙湖办公楼景观照

三、改革成效

（一）打造"四个全国第一"，从"全国并跑"走向"贵州领跑"

一是政府投资全国第一。省林业局投入引导资金 1.7 亿元，用于补贴森林康养试点基地规划设计、康养林、健康管理中心等建设，撬动社会资本投入 160 余亿元，用于基础设施和康养产品等建设与开发，推动了森林康养产业的发展。二是标准建设全国第一。出台了《贵州省森林康养基地建设规范》《贵州省森林康养基地规划技术规程》《森林康养小镇》《森林康养人家》《森林康养步道建设规范》等 5 项地方和团体标准。三是创建了"乐享贵山贵水"全国第一个森林康养公共品牌，提升了贵州森林康养影响力。四是全国第一家将森林康养步道建设纳入"省政府十件民生实事"的省份。

（二）构筑"三大支撑体系"，以"多方协同"促进"融合发展"

一是政策支撑体系。省委、省政府印发《关于加快推进林下经济高质量发展的意见》，省林业局、省发改委、省卫生健康委等部门联合印发《推进森林康养产业发展的意见》，全国第一家高位推动森林康养政策的省份。二是科研及培训支撑体系。成立贵州省森林康养研究院和贵州省森林康养工程研究中心，积极开展《竹林康养医学实效研究及功能性食品开发》《森林康养基地概论》等研究，同时建立省级常态化的培训机制。三是构建产业多元化体系。扎实推进森林、温泉、中医、饮食、文化、运动等疗养融合发展，通过建立健康管理中心，开展健康服务，提高康养效果及服务水平。

◉ 开阳水东乡舍国家森林康养基地

（三）开辟"两大发展路径"，以"内生动力"助力"乡村振兴"

一是强化基地建设。按照《贵州省森林康养基地建设规范》《贵州省森林康养基地规划技术规程》要求，指导森林康养试点基地编制总体规划，标准化建设森林康养试点基地，以规划为引领，发展森林康养产业。二是做优乡村森林康养。依托森林康养试点基地，发展森林康养绿色产业，推动产业兴旺。通过县、乡、村、企业集体经济示范带动，打造地方特色品牌，促进乡村森林康养产业优质高效发展。2021 年，全省森林康养试点基地接待人数 932.92 万人次，提供就业岗位 8747 个，带动就业农民人均增收 31200 元／年以上，全省森林康养全产业链实现产值 1965.72 亿元，占林业总产值的 52.85%，成为贵州林业经济新的增长极，助推了乡村振兴全面发展。

贵州"青年友好型成长型省份"建设试点

共青团贵州省委员会

近年来，团省委深入贯彻落实习近平总书记关于青年工作的重要思想，以纵深推进《贵州省中长期青年发展规划（2019-2025年）》实施为统揽，在全国率先提出建设"青年友好型成长型省份"，坚持体系化推进、项目化实施、品牌化塑造，着力提升青年的获得感认可度，努力实现友好贵州与有为青年"双向奔赴"。

一、体系化推进，凝聚青年优先发展共识

坚持做到"党政抓、抓党政"，把工作重心放在争取党政支持、优化发展环境，着力汇聚高质量青年工作更强合力。

（一）高位推动，深刻把握党管青年原则

省委、省政府高度重视《规划》工作。建设"青年友好型成长型省份"连续两年写入省政府工作报告。88%的市州、超过一半的县区将《规划》工作写入党代会或政府工作报告。省级和92.7%的市、县将《规划》实施纳入绩效考核或督查。省财政每年单列515万元作为《规划》实施专项经费，带动市县两级财政持续加大经费投入。

（二）纵横联动，深化齐抓共管工作格局

一是建好用活联席会议机制，省、市、县三级联席会议、联络员会议机制全覆盖。不断优化充实联席会议成员单位，如省委军民融合办主动申请加入，新增省委改革办作为成员单位。二是建立对各成员单位和地方党政的《规划》工作通报机制。成立省级《规划》重点工作督导组，联动成员单位定期下沉到市县调研督导，帮助基层优化环境、解决问题。三是在党校等各级领导干部培训中设置青年发展课程，将《规划》工作纳入省委新时代学习大讲堂学习内容。

（三）研究牵动，精准摸清青年需求诉求

一是率先建立贵州青年发展研究院，邀请 21 名全国青年工作专家组建智库。联合省社科联、省教育厅、省社科院每年发布一批青年发展课题；在《青年时代》开设青年工作理论专栏。二是每年编制《贵州青年发展蓝皮书》，以省政府新闻办名义召开新闻发布会发布；蓝皮书纳入省财政预算重点支持项目，每年单列 30 万元专项经费。三是连续三年发布青年就业、创业、安居大数据指数。每年发布省级《规划》统计监测报告，正在探索搭建"青年友好型成长型省份"指标体系。

二、项目化实施，优化青年成长发展环境

坚持以实事换实效，以政策关照青年，以项目服务青年，不断提升青年获得感、归属感、幸福感。

（一）聚焦急难愁盼，办好青年实事

实施省级青年实事 20 件，其中一件写入省政府工作报告，累计投入

资金超过 61 亿元，服务覆盖青年超 529 万人次。市、县两级实施青年实事 164 件，其中 14 件纳入当地政府民生实事。比如，2022 年为创业青年提供 21.48 亿元低息贴息贷款；打造 100 个"青年驿站"，为来黔就业创业青年提供 5 天内免费住宿；为 23.96 万名困难家庭学生发放 5.5 亿元助学金。

🔵 2022 年"贵州青年实事"——提供 5 万个青年就业支持岗位

（二）聚焦发展关切，推动政策出台

一是出台青年住房、就业、教育等方面青年发展政策 253 项，充分释放青年发展政策红利。二是集成青年发展政策 418 项，通过打造"青年卡"综合服务平台，解决政策零散、政策找不到青年、青年不熟知政策的问题。三是出台修订贵州省未成年人保护条例、预防未成年人犯罪条例。正在推动开展青年发展重点领域专项立法有关工作。

🔵 "贵州青年卡"为青年提供政策咨询、就业扶持、社会参与等

多领域"一卡式"综合服务

（三）聚焦"十大领域"，实施重点项目

发挥共青团主导作用，按照"紧扣中心大局、紧跟当地实际、紧贴青年需求"的原则，广泛整合政府部门和社会资源，引入项目管理理念，采取"项目规划—申报评审—动态监管—绩效评估"全流程模式，实施省级青年发展示范项目 68 个，带动市、县两级项目 377 个，撬动投入各类资金 2235 万元，服务青年 1310 万人次。

三、品牌化塑造，提升青年发展工作颜值

全力打造"青春遇见贵州"工作品牌，着力提升"青年友好型成长型省份"的辨识度和影响力。

（一）抢抓试点机遇，探索"贵州做法"

一是加大全国试点指导支持力度。第一时间与 7 个试点地区党政主要领导沟通，成立由厅级干部牵头的三个试点工作指导组，定期下沉指导；给予每个试点城市 20 万元、每个试点县 10 万元经费支持，每个试点县区增派 10 名大学生西部计划志愿者。二是试点工作取得阶段性成效。贵阳市、黔西南布依族苗族自治州启动试点后分别新增一个专司青年发展工作的事业单位；贵阳市青年购房享备案价 9 折优惠；黔西南布依族苗族自治州围绕民族地区特色打造"一县一品"。三是同步实施省级规划县域试点 18 个，坚持"小切口、大纵深"，推动县域《规划》工作提质扩面。

（二）打造"友好阵地"，建设"有为队伍"

一是建好三类"青年友好阵地"。合力打造青年友好社区（街区、村寨）、友好单位（企业）、友好场馆（基地），致力于友好阵地随处可见。建成友好运动场馆 50 个，友好社区 50 个，"青春公园" 11 个，正在建设 100 个青年友好街区。二是用好三支"青年有为队伍"。充分发挥青年突击队、青年致富带头人、青年志愿者作用，引领广大青年积极投身多彩贵州现代化建设。

🔼 黔南布依族苗族自治州打造"青年友好街区"服务青年更好成长发展

（三）注重 IP 打造，营造浓厚氛围

一是举办"青春遇见贵州"——青年消费季、致敬来黔奋斗青年、金融扶持青年创业等系列示范活动。二是积极筹备省外推介会（展）、文创产品大赛。三是制作青年发展宣传片 17 部，播放 2700 余万次。2022 年，省级以上主流媒体累计报道我省青年工作 1062 次。全力打造"青春遇见贵州"工作品牌。

二〇二一年度贵州省『优秀改革试点』入围项目

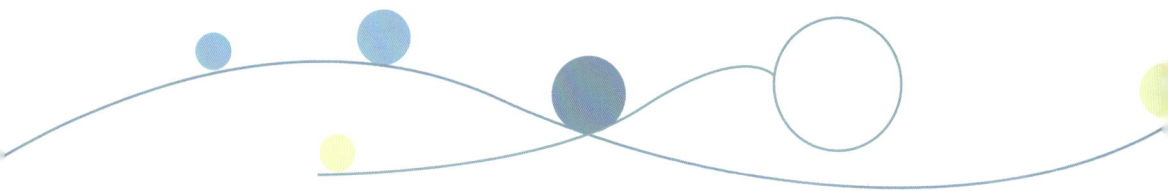

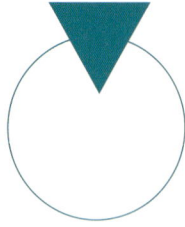

● 贵州省高级人民法院执行无纸化试点

● 贵州省集体"三资"达到一定规模的村（社区）党支部书记、
  主任"提级监督"试点

● 全国城市基层党建示范县（市）建设试点

● 贵州工商职业学院探索高职院校劳动清单试点

● 贵州省行政执法"三项制度"改革试点

● 贵州省环境污染责任保险试点

● 龙里县水系连通及农村水系综合整治试点

● 习水县国家紧密型县域医共体建设试点

● 贵阳大数据交易所优化提升试点

● 贵州省创新打造"税务信用云"平台助力地方经济发展试点

● 毕节市深化"贵人服务·毕须办"政务服务品牌建设试点

● 铜仁市县域共青团基层组织改革综合试点

● 黔东南苗族侗族自治州基层民主"院坝协商"试点

● 南明区探索建立老旧小区改造后续物业管理长效机制试点

● 西秀区县域共青团基层组织改革试点

● 水城区探索"片管委"激发乡村治理新活力试点

● 大方县健全党组织领导下的自治法治德治相结合的乡村治理
  体系改革试点

● 江口县生态产品价值实现机制试点

● 德江县农民建房管理中村规民约自律自治改革试点

● 长顺县加强统计基层基础推进统计现代化建设试点

贵州省高级人民法院执行无纸化试点

贵州省高级人民法院

人民法院审判体系和审判能力现代化是国家治理体系和治理能力现代化的重要组成部分，以执行无纸化改革赋能提升司法生产力是促进执行体系和执行能力现代化的重要举措。贵州省高级人民法院深挖信息化内生潜力，立足工作实际，全力推动无纸化办案，2021 年 4 月被最高人民法院选定为执行无纸化试点法院。

一、精细化统筹部署，夯实执行无纸化工作行稳致远基础

坚持以目标、需求、成效为导向，不断优化完善系统功能，建成一套科学合理、高效便捷、符合实际的无纸化系统，确保试点工作顺利开展。

一是坚持目标导向统筹推进工作。聚焦提升执行质效中心目标，将信息化建设应用与执行事务办理紧密结合，制定了《贵州法院执行无纸化项目实施方案》，选取法院信息化应用能力较好的地区开展执行无纸化试点，加强三级法院沟通联系，按照整体"一盘棋"的思想开展和推进执行无纸化工作，由省高院对执行无纸化系统建设和推进方向进行统筹规划。

二是坚持需求导向开展实际调研。从实际出发，将调研贯彻于执行无纸化工作推进全过程。工作开展前，通过可行性调研，组织研判执行无纸化工作开展的基本条件，为制定工作方案提供根本遵循；推进过程中，多次开展实地调研，及时收集汇总执行无纸化工作中存在的难点、堵点和痛点，制定行之有效的解决方案；试点完成后，认真总结归纳试点成效，为全省推广形成有效经验。

三是坚持成效导向完善系统功能。深入探索大数据、人工智能在执行系统中的融合应用，将信息要素智能提取、文书智能生成、财产信息一键查询、智能辅助阅卷、节点短信智能推送等一系列智能化功能与执行无纸化系统深度融合，推动传统的手工办案向智能办案模式转变，促进执行质效提升。

二、规范化重塑流程，构建执行无纸化办案体系新格局

坚持以法官为主体，紧紧围绕电子化、标准化、网络化"三化"原则，构建执行无纸化办案体系新格局。

一是全面推进执行卷宗电子化。积极开展电子卷宗随案同步生成和深度运用，建成集中扫描中心和材料中转库，由专业的外包服务扫描人员通过材料收转系统实现执行纸质卷宗电子化，依托卷宗智能编目、OCR 文字识别等技术将数字化的材料准确命名，数字化材料精准挂接入卷，减少法官整理卷宗的事务工作，提高卷宗流转速度和效率。

二是全面推进流程节点标准化。梳理执行流程节点及节点关联关系，搭建数学模型和关联逻辑，实现执行流程节点监督和规范化管理。办案

人员能够直观地了解承办案件所处环节以及前后节点的办理情况。通过执行实体化功能，将非执行核心事务交由外包人员批量、集中处理，让法官的时间和精力可以聚焦到核心事务办理上来，形成"系统＋外包"双助力办案模式。

⌃ 执行无纸化上线视频培训会

⌃ 执行无纸化系统案件办理首页

三是全面推进事项办理网络化。通过电子卷宗全程线上流转，嵌入网上签收、网上阅览、网上审批、网上签发、网上办理等功能模块，实现从立案到案件办理、文书审批、强制执行、结案归档等案件办理各个环节的业务均在网上办理，办理过程全程留痕；强化网络查控和网上司法拍卖应用，将被执行人财产处理从线下搬到网上；同时打通与审判系统间的"数据壁垒"，实现审判执行有效数据互通共用。

三、高效化应用成果，助力解决执行领域急难愁盼问题

始终践行全心全意为人民服务的宗旨，以执行无纸化为抓手，助力解决人民群众在执行领域急难愁盼问题。

一是坚持以效率为主。依托电子卷宗对要素信息进行提取，实现案件信息自动回填，减少案件信息录入时间；通过电子卷宗要素信息智能检索、智能标注等功能，提高阅卷效率；通过文书智能生成和批量生成文书等功能，提高文书制作效率；通过网络查控系统，对被执行的财产一键发起查询，提升财产查控效率；通过网上缴退费和电子送达功能，让"数据跑路"代替"群众跑腿"。

二是坚持以质量为本。系统嵌入了全国统一的执行文书模板，辅助智能生成文书，并通过文书智能纠错进行校验，提升文书质量；在全流程网上办案框架下，所有涉案信息均能被精准采集，通过执行精细化管理系统对案涉财产全方位进行监管，避免超标的、超时限查控财产，助力善意文明执行；通过系统流程节点与案件要素比对，对材料不全或不合规的终本案件进行提醒，规范案件终本程序。

三是坚持以公开为常。系统集成了监控预警、催办督办功能，对案款发放、强制措施发布或解除等事项进行监管，杜绝案款超期发放问题，实现精准落实强执措施；通过人民法院执行流程信息公开网对案件办理节点信息进行公开，自觉接受社会监督和群众监督，切实提升司法公信力；大力推广网络司法拍卖，让大宗财产处置公开化、透明化，同时通过网络让财产处置面向全社会，提升了处置效率和成功率。

2021 年 4 月 1 日至 2023 年 3 月 23 日，共办理执行案件 678951 件，平均办理时间为 95 天，通过网络查控 761.2434 万次，线上发布失信被执行人 31.8148 万人次，线上发布限高 28.1431 万人次，线上司法拍卖成交 3009 件，成交金额 48.75 亿元，助力及时兑现人民群众的胜诉权益。

贵州省高级人民法院将继续以习近平法治思想和习近平总书记关于网络强国的重要思想为指引，抢抓国务院《关于支持贵州在新时代西部大开发上闯新路的意见》（国发〔2022〕2 号）文件带来的重大机遇，聚焦围绕"四新"主攻"四化"主战略，进一步研究探索信息化与现代化的结合点、关键点、核心点，深化司法数据中心平台和智慧法院大脑建设，总结执行无纸化工作成效，构建无纸化工作新格局。

贵州省集体"三资"达到一定规模的村（社区）党支部书记、主任"提级监督"试点

中共贵州省纪律检查委员会（贵州省监察委员会）

党的十九大以来，习近平总书记多次对整治群众身边腐败和作风问题工作作出重要指示，强调"要推动全面从严治党向基层延伸，严厉整治发生在群众身边的腐败问题"。（2018年1月11日，在第十九届中共纪律检查委员会第二次全体会议上的讲话）2020年，中央纪律检查委员会、国家监察委员会（以下分别简称中央纪委、国家监委）对探索开展集体"三资"（资金、资源、资产）达到一定规模的村（社区）党组织书记"提级监督"试点做出安排部署。同年7月以来，贵州省纪律检查委员会、省监察委员会（以下分别简称省纪委、省监委）强化政治担当，结合我省特点和实际，贯通中央纪委、国家监委安排部署，选取集体经济发展好、各项资金投入大、项目工程多、信访举报反映集中的村（社区）开展"提级监督"，探索形成了"四个三"工作法，初步构建起村级"一把手"权力运行监督体系，有力提升了基层监督效能。

一、坚持"三级联动"，稳步扩大提级监督覆盖面

按照"省统筹、市指导、县主抓"工作原则，有序推进"提级监督"试点工作范围不断扩大。一是省级强化统筹调度。2020 年 7 月，省纪委、省监委印发《关于对集体"三资"达到一定规模的村（社区）党支部书记、主任开展"提级监督"试点的通知》，部署在部分集体"三资"达到一定规模的村（社区）开展试点工作，按照"边工作、边总结"的思路，逐步深化扩展覆盖面，到 2022 年覆盖面已达到 81 个县（市、区）。二是市级科学精准指导。各市（州）纪委监委强化调度指导，从城中村、城郊村或集体资源富集、资产体量大、经济发达的村（社区）中，科学选取符合提级条件的县（市、区）开展试点，精准指导制定试点工作方案。三是县级认真组织实施。试点县（市、区）成立领导小组，统筹纪检监察、巡察等监督力量，与村务监督委员会有效衔接，形成基层监督合力。

🔼 2022 年 12 月 14 日贞丰县纪委、县监委"三资"监督

二、建立"三本台账",做到提级监督底数清情况明

围绕重要事项和内容,督促制定权力清单、建立个人廉政档案和政治监督活页,夯实监督基础。一是督促制定小微权力清单。聚焦村(社区)党支部书记、主任职能职责,督促乡镇党委、政府强化主体责任,推进基层组织建设,规范制定"小微权力"清单,进一步理清权力边界。二是建立个人廉政档案。按照"对标对表、突出重点、按人归档、动态更新、方便实用、安全保密"的原则,推进建立试点村(社区)党支部书记、主任个人廉政档案,为做好分析研判、线索处置和日常监督提供参考和支撑。三是探索建立和运用政治监督活页。围绕村(社区)基本情况、经济社会发展情况、党组织和党员组成情况、党的十八大以来查处违纪违法案件情况、党支部履职情况、存在问题及整改情况等内容,在部分试点村(社区)探索建立政治监督活页,对村(社区)党组织精准"画像",对苗头性、倾向性问题抓早抓小,靶向施治。

三、开展"三项提级",创新监督方式提质增效

紧盯关键事、关键人,通过统筹开展延伸巡察、推动离任审计、提级办理线索案件等方式,提升"提级监督"针对性、实效性。一是开展延伸政治巡察。聚焦党组织作用发挥、"三资"管理、民生保障等,对试点村(社区)开展延伸政治巡察,着力发现和推动解决村级党组织软弱涣散、纪律松弛等问题,进一步密切党群干群关系,厚植党的执政基础。二是推动"村干"离任审计。强化与县级组织、民政、农业农村等部门

协同协作、信息共享，推动采取第三方审计、乡（镇）财政所交叉审计等方式，对试点村（社区）党组织书记、主任开展离任审计，作为研判各村政治生态的重要参考。三是提级办理线索案件。建立健全线索、案件提级办理机制，着力破解乡镇纪委办理相关问题线索和案件力量不足、质量不高、办案阻力较大等难题。2022 年，通过"提级监督"处置村（社区）"一把手"问题线索 193 条，立案 118 件。

🔵 龙里县纪委监委"提级监督"工作组到龙山镇水场社区召开
"提级监督"工作动员会

四、用好"三种机制"，健全凝聚合力监督格局

坚持问题导向，着力在整合现有监督力量、监督资源上下功夫，着

力破解基层监督力量薄弱、监督手段匮乏等难题。一是建立片区协作机制。充分发挥县级纪委、监委统筹协调功能，强化对监督检查室、派驻纪检监察组、乡镇纪委、村纪检委员等监督力量的统筹整合，凝聚监督合力。二是建立专项监督机制。试点县（市、区）纪检监察机关会同相关业务部门，聚焦村（社区）贯彻执行党和国家路线方针政策、发展乡村经济和"三资"管理等重点领域、重点事项，实行"一领域一专项、一地域一方案、一事一提级"开展专项监督，充分发挥"上对下监督"的组织优势和"点对点监督"的业务优势。三是深化大数据精准监督机制。深化运用"贵州省民生监督系统"等大数据监督平台，加强对重点领域、重点行业数据分析研判，提升监督的及时性和精准性。遵义市建设"码上监督·马上办"网上监督平台，织金县在"指尖"监督智慧平台基础上打造"织金群众点题监督直通车"平台等，着力拓宽群众参与监督渠道，推动实现"全民监督"目标。

🔵 花溪区开展"提级监督"试点挂牌

　　通过积极探索，目前已在全省 9 个市（州）81 个县（市、区）1968 个村（社区）对党组织书记、主任开展"提级监督"，初步构建了对集体"三资"达到一定规模的村（社区）"一把手"权力运行监督制约机制，推动村（社区）党风廉政建设迈上新台阶，为巩固拓展脱贫攻坚成果同乡村振兴有效衔接提供坚强保障。自开展"提级监督"以来，全省共开展监督检查 3967 次，发现问题 3880 个，督促整改 3551 个，处置问题线索 398 条，立案 188 人，处理 172 人，发出并追踪完成纪检、监察建议书 22 份，督促建立完善制度机制 215 个。

🔵 龙里县纪委监委"提级监督"工作组到龙山镇召开"提级监督"工作动员部署会

全国城市基层党建示范县（市）建设试点

中共贵州省委组织部

近年来，贵州省认真学习贯彻习近平总书记对贵州工作的重要指示批示精神和视察贵州重要讲话精神，以及中央有关会议和文件精神，以全国城市基层党建示范县（市）重点省建设为统领，指导抓好示范县（市）建设试点工作，着力健全完善城市基层党建引领基层治理工作机制，全面落实城市基层党建引领基层治理重点任务，各项工作取得了新进展、新成效。

一、试点工作背景

2019年，中央办公厅印发《关于加强和改进城市基层党的建设工作的意见》；同年，中央组织部决定开展城市基层党建示范引领行动，将贵阳、遵义、仁怀、盘州、凯里、福泉6个市列为全国示范市；2021年，中央组织部将贵州作为全国城市基层党建示范市建设重点省；2022年，省委将示范市重点省建设工作列入省委常委会工作要点，省委改革办将福泉市示范市建设试点工作列入国家级改革试点台账，由省委组织部牵头指导，如期完成了改革试点工作任务。近年来，我省以全国城市基层党建示范市建设试点工作为牵引，初步探索出了一条具有贵州特色、符合县域中小城市特点的城市基层党建工作路径，推动党建引领城市基层治理效能不断提升。

二、试点工作的主要做法

（一）明确目标任务

2019年以来，我省先后印发《关于加强和改进新时代城市基层党建工作的二十条措施》《关于加强示范市建设引领带动城市基层党建工作全域提升的意见》和《关于推进城市社区工作者职业体系建设的意见（试行）》，每年制定城市基层党建工作要点，明确示范市建设的目标任务，要求全国示范市坚持系统布局，整体提升，完善组织体系，加强制度集成，着力在破解城市基层党建难题方面探路子、出经验、作示范、走前列，引领带动全省城市基层党建工作全域提升。

（二）健全工作推进机制

一是强化组织领导。省委高度重视示范市建设工作，2021年9月，时任省委书记谌贻琴同志专门作出批示，强调要加强分类指导，鼓励探索创新，完善制度机制，强化工作保障，努力抓出贵州特色、创造贵州经验，以高质量党建推动城市高质量发展。并将示范市重点省建设工作纳入2022年省委常委会工作要点，要求市、区两级党委书记亲自谋划、直接推动，组织部门牵头抓总，会同有关部门强化政策保障和资源调配，共同做好示范市建设工作。党的二十大以来，省委书记徐麟同志多次深入街道、社区调研城市基层党建工作，在市（州）党委书记抓基层党建工作述职评议会、省委党建工作领导小组会等各种会议上，对抓好党建引领城市基层治理工作作出指示、提出要求，强调要推进以党建引领基层治理，创新基层治理方式和组织服务群众为载体，有效整合社区资源，不断提升党建引领城市基层治理水平。二是完善工作机制。推动 9 个市（州）、88 个区（县、市）全部建立党委书记任组长或主任的党建引领城市基层治理领导协调机制和市、区、街道、社区四级联动机制，建立市、区两级四大班子成员、组织部部委会成员和街道领导班子成员党建联系点制度，全省所有街道、社区都有上级党员干部联系指导。同时，定期跟踪考核，推动各项工作落地落实。三是加强分类指导。按照全国示范市、市（州）所在地中心城区、其他县域中小城市和易地扶贫搬迁安置地 4 个类别进行分类指导，分别提出工作要求，重点加强对全国示范市的工作指导。四是建强工作队伍和治理力量。配强市、区两级党委组织部门城市基层党建工作力量，并设置专门科室负责城市基层党建工作；抓好街道党组织书记、副书记、组织委员的选配，在街道设立党建办，配备专职党务工作者；建立全省统一规范的社区工作者职业体系，配强社区党组织书记和其他社区工作者。

三、试点工作成效

2021 年以来，通过重点指导 6 个全国示范市探索实践，带动全省城市基层党建工作实现了整体提升。

一是城市基层党的组织体系进一步严密。所有街道、社区全部规范设置党组织，将社区划分为 23558 个网格，推动 17029 个网格成立党支部或党小组，构建起上下贯通、横向互联、执行有力的组织体系。

🔼 凯里市湾溪街道组织辖区在职党员、志愿者到复烤厂小区开展

党员志愿服务活动，为社区居民提供家电维修等服务

🔽 玉屏县平溪街道康华社区党员干部上门了解搬迁群众需求，帮助解决实际问题

二是党建引领城市基层治理机制进一步健全。9 个市（州）、88 个区（县、市）全部建立党委书记任组长或主任的领导协调机制，完善市、区、街道、社区四级联动机制，全省所有街道、社区探索推行兼职委员制，市、区、街道 15316 名党员领导干部全部明确城市党建联系点，共建共治的合力得到增强。

三是街道统筹能力进一步提升。按照"明责、赋权、扩能"要求，2022 年全面完成街道管理体制改革，制定街道权力清单和责任清单。取消 325 个街道招商引资职能，331 个街道协税护税工作任务，依法赋予街道综合管理权，统筹协调权，应急处置权等权限。在 290 个街道设立综合行政执法机构，推动解决权责不对等的问题。

四是城市基层治理力量进一步加强。全省城市社区全部建立起统一规范的社区工作者职业体系，配备城市社区工作者 19869 人。推行"双报到"制度，市、区两级 4771 个机关企事业单位党组织结对联系社区党组织，91794 名在职党员到社区报到参与志愿服务。向易地扶贫搬迁安置社区全覆盖选派 876 名第一书记和 2868 名工作队员。推动货车司机、网约车司机、外卖配送员、快递员等新就业群体融入城市基层治理格局。

五是党群服务体系进一步完善。全省所有街道、社区全部建立了党群服务中心，支持 1534 个有条件的网格建设网格党群服务站，进一步织密了"15 分钟服务圈"网络。六是群众获得感、幸福感、安全感进一步提高。将城市基层治理重点难点问题纳入市、区两级政府民生实事，整合资源推进落实。2021 年以来，累计收集各类问题 16.8 万条，已处理16.4 万条，群众满意度达 98.86%。

贵州工商职业学院探索高职院校劳动清单试点

贵州省教育厅　贵州工商职业学院

为贯彻落实中共中央关于劳动教育和深化教育评价改革的总体要求，教育部、贵州省教育厅发挥示范作用，扎实推进新时代教育评价改革落地，2022年启动了"探索建立劳动清单制度"试点工作。学校认真贯彻落实中共中央国务院《关于全面加强新时代大中小学劳动教育的意见》和教育部《大中小学劳动教育指导纲要（试行）》等文件精神，贵州工商职业学院率先开展改革实践探索，改革试点项目通过贵州省教育厅立项。构建的《贵州工商职业学院劳动教育清单》，创新地引导学生树立正确的劳动观念，培育积极的劳动精神，养成良好的劳动习惯，培养为人民大众劳动、为党和国家奉献的新青年。

一、创新育人模式，构建"四融合三课堂"育人体系

学校提出了"四融合三课堂"劳动育人模式。"四融合"，即将劳动教育与思政教育，人才培养，第二、第三课堂相融合，劳动教育管理与教育管理相融合；"三课堂"，即第一、第二、第三课堂。

一是提升学生劳动意识，学校将劳动教育与思政课程、第三课堂相

融合。将劳动教育融入"思想道德与法治"等 4 门思政课程实践环节，通过学习宣贯党的二十大精神、乡村振兴、抗疫救灾典型案例、参加"青马论坛"、录制法制微剧，参观校外爱国主义教育基地等向学生传递正确的劳动观念，帮助学生深刻理解劳动精神、劳模精神。鼓励学生参加志愿者服务，如"三下乡"社会实践活动，创新组建"青声带言"宣讲团，到各地州开展法制理论普及宣讲、入户走访调研、红色电影巡展、爱心义诊、环境卫生整治等形式多样的活动，促进提升学生的社会服务意识。

🔵 贵州工商职业学院学生"三下乡"社会服务实践

二是提升学生劳动技能，将劳动教育和人才培养、第二课堂融合。将劳动教育融入专业课程，围绕"岗、课、赛、证"四个方面，坚持

"以赛促教、以赛促学"的原则，开展基于职业岗位的实习实训活动，增强学生职业荣誉感和责任感；积极组织学生参加相关的技能大赛、创新创业大赛，鼓励学生敢于拼搏、敢于竞技、敢于创新的精神，促进学生职业能力的形成。将劳动教育融入学生的课外生活，推进校园文化建设，传递劳动创造美好生活的理念，以学生发展为中心，将"劳育"与"德育、智育、体育、美育"紧密结合，创新开展大典、大会、大赛、大节、大项等五大品牌活动，鼓励学生基于兴趣爱好加入学生社团。在实践过程中促进学生综合素养提升，增强学生劳动光荣的意识。

🔼 贵州工商职业学院参赛团队在第八届"互联网＋"省赛现场

二、创新评价方式，构建"3+16+29"劳动教育评价体系

学校通过不断实践逐步形成了"以劳动教育为导向，以人才培养为

轴心，以实践活动为支撑，以就业创业为目标"的《贵州工商职业学院劳动教育清单》。围绕学生"日常生活""生产实践""志愿服务"构建的"3+16+29"三级劳动清单，体现了理论与实践结合，在"过程性评价"与"结果性评价"闭环，促进学生劳动观念改变，劳动意识形成，劳动技能提升，重点解决高职院校学生劳动积极性普遍不高、劳动意识和职业技能不能同步发展等问题。

🔷 贵州工商职业学院学生创业团队：贵州三珍牧业有限公司

三、创新工作机制，构建"1166"资源保障体系

为推动劳动教育清单有效实施，由党委书记、校长担任双组长，形成了"1166"工作机制，即 1 个劳动教育管理中心：由教学质量保障中

心负责管理，完成顶层设计和统筹安排；1 个劳动教育学分银行：通过形式多样的实践活动，学生结合自身特长与爱好，多途径、多维度均可获得劳动教育学分；6 大育人平台：文化传播、顶岗实习、师生共创空间、项目驱动、志愿服务、课程融入；6 大主题行动：劳动文化建设行动、社会实践体验行动、志愿服务暖心行动、创新创业实践行动、生活技能比拼行动、合力发展助力行动，帮助学生树立正确的劳动观念，提升劳动素养和劳动技能。

贵州工商职业学院学生积极参与百事最强音活动

四、劳动清单建设成效初显，形成辐射推广效应

在探索实施劳动教育清单的 5 年间，学校在教育教学、就业创业、乡村振兴服务等方面均取得了一些成绩，在同类院校形成一定的影响力，

得到上级部门和社会的认可。

学生层面，近年学生参加技能竞赛获国家级奖项 104 项，省级 327 项；学校累计输送 300 余名毕业生参与西部计划志愿服务工作；涌现出很多优秀毕业生，其中杨光珍基层创业案例入选教育部就业创业典型案例；学校层面，连续多年就业率保持在 97% 以上；全国就业创业案例百强高校，连续多年超额完成征兵任务；国防教育工作案例获全省一等奖；学校获全省学校国防教育和学生军事训练工作先进单位；同类院校层面，我校《劳动教育清单》在郑州职业技术学院、洛阳科技职业技术学院、广西英华国际职业技术学院推广取得成效；社会层面，试点经验得到人民网、中国新闻网、搜狐新闻、今日头条等多家主流媒体报道，《清单》实践得到社会认可。

🔵 贵州工商职业学院"三下乡"社会服务实践活动

为建立德智体美劳全面发展的教育体系，学校通过不断完善《劳动教育清单》，以实践活动促德育、益智育、促体育、促美育，向学生传递"劳动创造幸福"的理念，真正做到以劳育人，培养具有劳动精神、工匠精神和劳模精神的高素质高技能人才，助力一代建设者实干铸就中国梦。

贵州工商职业学院护理专业学生授帽仪式

贵州省行政执法"三项制度"改革试点

贵州省司法厅

习近平总书记指出，行政执法工作面广量大，一头连着政府，一头连着群众，直接关系群众对党和政府的信任、对法治的信心。行政执法"三项制度"聚焦行政执法的源头、过程和结果三个关键环节，全面规范行政执法行为，是推进严格规范公正文明执法的基础性、整体性、突破性制度，对于切实保障人民群众合法权益，维护政府公信力，营造更加公开透明、规范有序、公平高效的法治环境具有重要意义。

一、工作背景

党的十八大以来，各级行政机关不断完善制度，加强管理，行政执法总体上有很大改善，群众的满意度也日益提高。但执法不作为、不公正、不规范等情况也时有发生，成为人民群众反映强烈的突出问题。2016年12月30日，习近平总书记主持召开中央全面深化改革领导小组第三十一次会议，审议通过《推行行政执法公示制度、执法全过程记录制度重大执法决定法制审核制度试点工作方案》。2017年，国务院办公厅印发文件，在全国32个地方、部门开展行政执法"三项制度"试点，我省贵安新区、毕节市是首批试点地区。省政府办公厅印发《关于在毕节市贵安新区〈推行行政执法公示制度、执法全过程记录制度、重大执法决定法制审核制度试点工作方案〉的通知》，成立分管副省长任组长的试点工作协调小组，加强组织指导，多措并举全面推进试点工作有序开展。通过试点，制定和完善了相关制度及配套办法，为我省全面推行此项工作提供了可复制、可推广的经验，为国家全面推行行政执法"三项制度"提供了借鉴参考。

▲ 毕节市推行行政执法"三项制度"试点开展

2018 年 11 月 14 日，习近平总书记主持召开中央全面深化改革委员会第五次会议，审议通过了《关于全面推行行政执法公示制度执法全过程记录制度重大执法决定法制审核制度的指导意见》，明确 2019 年起在全国全面推行行政执法"三项制度"。省司法厅抓统筹协调、督促指导、平台建设，努力将行政执法"三项制度"改革向纵深推进。

● 贵州省全面推行行政执法"三项制度"试点推进

二、主要做法

（一）抓统筹协调，促全面推行

将全面推行行政执法"三项制度"纳入省委全面深化改革工作要点，省委领导召开专题会议进行研究部署，分管副省长具体领衔推进。2019年3月，经省政府审定，省政府办公厅印发我省实施意见。建立分管副省长主抓，省司法厅具体牵头，省委编办、省政府办公厅、省财政厅等有关部门参加的工作协调机制。各地明确负责机构，为"三项制度"推行提供有力保障。省政府领导组织召开动员培训电视电话会议和工作推进会。省司法厅召开网络专题培训会对全省行政执法人员进行培训，派员到市（州）、省直有关部门开展专题培训 30 余次。相关做法在全国工作推进会上作交流发言。

（二）抓督促指导，促责任落实

每年将行政执法"三项制度"落实情况纳入法治政府建设考核重要内容。开展工作调研，提出意见建议，形成调研报告报省政府。自 2020 年起，省司法厅每年组织开展落实行政执法"三项制度"情况专项监督，实地监督执法部门 300 余个，覆盖省、市、县、乡四级，有效促进"三项制度"落地见效。工作开展情况获得时任分管副省长批示肯定。

（三）抓平台建设，促智慧监督

将建设统一的行政执法综合监督管理平台纳入依法治省五件实事，把"三项制度"工作平台纳入贵州省"互联网＋监管"系统整体推进。上述两个平台将行政执法主体、行政执法人员、权责清单纳入管理，覆盖行政处罚、行政许可、行政检查、行政强制等 4 类重点行政执法行为案件办理流程，促进执法信息网上录入、执法程序网上流转、执法活动网上监督、执法信息统一公示、执法信息网上查询，推动行政执法和行政执法监督信息化、标准化、规范化，累计向司法部上报各类数据 37 万余条，居全国前列。

🔼 贵州省法治政府信息平台页面

三、工作成效

（一）行政执法行为全面规范

全省 5200 余个行政执法主体全面落实行政执法"三项制度"要求，行政执法公示制度机制不断健全，执法过程全程记录可回溯管理，重大执法决定法制审核有效落实。行政处罚、行政强制、行政检查、行政征收征用、行政许可等执法行为得到有效规范。

（二）行政执法效能明显提升

推动各级执法部门按照要求配齐法制审核人员，加强重大执法决定法制审核。探索运用信息化手段开展行政执法和执法监督工作，黔东南苗族侗族自治州凯里市实现执法任务"云派单"、执法过程"云记录"、执法违规"云预防"、执法成效"云监督"；观山湖区市场监管局运用"智慧监管平台"提高监管质效。

（三）行政执法满意度显著提高

全省各级行政执法人员依法行政意识逐渐增强，因行政执法引起的行政争议逐渐减少。2020 年，我省行政机关一审平均败诉率为 23.33%，在全国排名中首次实现下降，从 2019 年的第 3 名下降到第 6 名；2021 年，全省行政机关平均败诉率为 20.71%，首次走出前十，下降到第 14 位；2022 年，全省行政机关平均败诉率为 18.82%，实现持续下降。行政复议纠错率从 2019 年的 19.43% 下降到 2022 年的 5.33%，远低于全国平均值。贵阳市、毕节市、黔南布依族苗族自治州成功创建全国法治政府建设示范市（州）。

贵州省环境污染责任保险试点

贵州省生态环境厅

一、工作背景

环境污染责任保险是我国目前治理环境风险主要的也是最具代表性的绿色保险产品，是以社会化、市场化途径解决环境污染损害赔付，减少污染事故发生的经济手段。2015年颁布施行的《环境保护法》首次将"环境污染责任保险"写入立法；2020年修订的《固体废物污染环境防治法》第九十九条规定"收集、贮存、运输、利用、处置危险废物的单位，应当按照国家有关规定，投保环境污染责任保险"；2020年，中共中央办公厅、国务院办公厅《关于构建现代环境治理体系的指导意见》提出"推动环境污染责任保险发展，在环境高风险领域研究建立环境污染强制责任保险制度"，为推动环境污染责任保险制度建立提供了法律支撑和政策依据。我省自2017年开始，按照"积极稳妥、合法有序，政府推动、市场运作，严格监管、风险可控"的原则，积极探索推进环境污染责任保险试点，试点范围从最初的遵义市、毕节市、黔南布依族苗族自治州和贵安新区等4个地区拓展到全省9个市（州）。

⌃ 黔南布依族苗族自治州环境污染责任保险工作会议

⌃ 铜仁市环境污染责任保险工作现场宣导会

二、主要做法

我省在保险责任范围、责任限额制定方式、保险市场运作模式等方面，积极探索环境污染责任保险的实施路径，创新建立了"五个统一"的模式。

一是优化保险产品，统一保险保障范围。制定统一的《环境污染责任保险条款》，将"第三者人身伤亡、第三者财产损害、生态环境损害、应急处置和清污费用及法律费用"等 5 个方面纳入保险保障，大幅度扩大了保险赔付范围，主要特点是首次将生态环境损害纳入承保责任范围；明确承保责任不受投保企业厂区范围限制，投保企业产生的生态环境损害均在承保范围；对投保企业承保保险合同到期后三年内首次提出的生态环境损害赔偿请求予以支持；简化索赔程序，索赔时不再要求企业提供环境事件证明。统一的《保险条款》，解决了以往各家保险公司商业保险产品保障参差不齐、保险条款设置不合理、保险保障范围过窄、索赔难等问题。

二是建立风险识别体系，统一风险评估方式。制定《环境污染责任保险风险评估指南（试行）》，将环境污染责任保险与危险化学品重大危险源辨识、环境风险评估技术指南等 27 个环境保护标准和技术规范相结合，明确了环境污染责任风险的评估程序和指标体系，企业和保险公司通过保前环境风险评估，测算企业应承担的保险费，解决商业保险费率确定与环境风险等级脱钩问题，让投保企业心中有本明白账，增强企业投保信心。

三是提高保险赔付率，统一责任限额及费率。按照企业环境风险评估等级，将投保企业责任限额与费率分为五级：最高责任限额 1000 万元，对应费率 3.9%，企业最高保费 39 万元／年；最低责任限额 20 万元，对应费率 2%，企业最低保费为 4000 元／年，赔偿限额分为每次事故赔偿限额、生态环境损害赔偿限额、累计赔偿限额，解决个别保险公司采用过细的责任限额分类方式规避赔偿责任问题，有效提高保险赔付率，增强投保企业积极性。

四是强化风险服务，统一提供保险服务。组建"共保体"共同承保贵州省企业环境污染强制责任保险，统一为投保企业提供出单承保、理赔流程等服务。引入保险经纪公司作为环境污染责任保险经纪人和投保企业的"保险服务管家"，协助企业开展投保、风险评估、索赔等事宜，并对投保企业开展环境隐患排查，提供"环保体检"服务，强化企业环境风险防控意识和风险防控能力，提高投保企业获得感。

五是运用信息化方式，统一保险服务平台。建立环境污染责任保险数据积累与共享机制，开发应用"环境污染责任保险服务平台"，从保前风险评估、投保出单、出险索赔等全流程进行线上操作，实现环境污染责任保险数据互联互通、共享共用，提升了环境污染责任保险数据资源使用效益。

三、主要成效

一是为其他省份提供了经验借鉴。深圳、海南、山东、江苏等地均从不同角度借鉴采用了我省环境污染责任保险的部分做法。

二是为绿色金融提供了实践案例。我厅与生态环境部研究中心联合开展的《中国环境污染责任保险政策创新与贵州省的实践与示范》课题，被中华环保联合会绿色金融专业委员会评为 2020 年绿色金融十大案例，并获国际金融论坛"2020 全球绿色金融创新奖"。

🔵 第十七届 IFF 全球绿色金融创新奖颁奖现场

三是为环境治理提供了积极助力。截至 2023 年 3 月底，全省共有 336 家（次）企业投保，为企业提供 1.8 亿元风险保障，完成 290 家企业环境风险评估和 107 家高风险企业现场隐患排查，帮助企业提出整改建议 140 余条，有效增强了企业环境风险意识和环境责任意识，对加强环境风险管理、减少污染事故发生发挥了重要作用。

龙里县水系连通及农村水系综合整治试点

贵州省水利厅

　　党的十八大以来，习近平总书记站在实现中华民族永续发展和国家安全的战略高度，多次就水资源保护和节约集约利用作出重要指示，提出"节水优先、空间均衡、系统治理、两手发力"的治水思路。

　　涓涓细流，浩浩江河，见证着人民领袖对人民的真挚情怀，映照出人民领袖心系中华民族永续发展的赤子之心。

▲ 黔南布依族苗族自治州龙里县三元河桃花山段治理后效果图

　　为深入贯彻落实习近平总书记生态文明思想，水利部财政部自 2019 年起以县域为单位开展全国水系连通及农村水系综合整治试点，打造一批各具特色的县域综合治水示范样板。

　　黔南布依族苗族自治州龙里县地处长江流域乌江水系和珠江流域红水河水系的支流分水岭地带，辖区有河流、溪涧 102 条。2020 年，龙里县成功申报为第一批全国 55 个、全省 2 个试点县之一，创新探索，先行先试，推进山水林田湖草沙一体化治理，打造了宜居宜业宜游的水美乡村，描绘了"河畅、水清、岸绿、景美"的美好画卷，实现了人民群众"掬水而用、临水而憩、依水而兴"的美好愿景。2021 年 11 月，改革试点经验获时任省政府副省长吴胜华批示：龙里县先行先试，推动农村水系治理，夯实乡村振兴基础，推进农业宜业宜游，做法值得借鉴。2022 年 6 月，水利部、财政部终期评估龙里县试点为优秀等次。

一、规划布局先行，目标引领整治

　　一是明确治理目标。以补齐农村水利基础设施短板、恢复自然生态水系、推动农村产业振兴、构建美丽乡村为目标，以三元河 24 千米长的水系为脉络，以沿岸 19 个村寨为节点，编制《龙里县水系连通及农村水系综合整治试点县实施方案报告》，衔接黔中龙溪内陆开放型经济发展先导区建设、乡村振兴、全域旅游发展等相关规划，推进水系梳理、水系治理、截污控污、生态修复等工程，提升水源涵养功能，恢复自然生态水系，改善水生态环境。二是优化整治布局。立足治理的紧迫性、条件的可行性及治理的示范带动性，优化三元河干流和朵花小河、小水河、大洲河、猴子沟 5 条水系治理布局，从水系连通、清淤疏浚、岸坡整治、治理湖塘、河道防渗处理、人文景观等 10 个方面进行综合整治，实现区域内"两库五河"互联互通，增加水域面积 100 亩，形成和保护湿地面积 110 亩，补充生态水量 100 万立方米，防洪保护村庄 19 个。三是提升治理标准。坚持水产融合、水旅融合、村景融合的多元化融合模式，重点围绕"河道功能、岸坡岸线、河湖水体、人文景观"等规划实施河道提质升级工程，按照"一河、六段、三线、多节点"规划思路，沿河修建游览步行线、健康骑行线、观光车行线等多个滨水景观功能节点，实现朵花温泉酒店、油画大草原、龙里水乡、龙架山公园等多个旅游景区互通，构建集龙里文化、生态文化、生活服务为一体的绿色经济带。

🔵 黔南布依族苗族自治州龙里县猴子沟河段治理后效果图

二、紧盯要素载体，精准推进整治

一是落实用地保障。在国土空间规划编制过程中优先保障农村水系综合整治试点项目用地需求，项目区按照 4 个标段组建 4 个征地协调专班，实行征地"一户一档""三榜公示"，为项目建设用地提供有力保障。二是强化资金保障。龙里试点项目概算总投资 4.55 亿元（其中中央补助 1.5 亿元、省级配套 1.5 亿元、自筹 1.55 亿元）。在用好用活各类项目资金基础上，龙里县财政预算 4000 万元用于项目征地，为项目推进提供资金保障。三是健全制度保障。建立省、州、县三级联动机制，推进水系连通暨农村水系综合整治试点项目快速高效建设。省水利厅采取"四不两直"督查督办、黔南布依族苗族自治州建立项目月会商机制、龙里县成立规划建设工作领导小组，全力保障项目建设。

🔵黔南布依族苗族自治州龙里县水系连通及农村水系综合整治试点治理效果

三、创新示范引领，提升治理成效

一是探索"五方共管"示范。积极探索政府主导、村民自治、企业自管、河长监管、志愿服务"五方共管"模式，加强项目建后管护。项目区成立龙里县莲花休闲体验区管理中心，加强项目建后管理；项目区涉及招商引资及 PPP 项目（政府和社会资本合作模式），建成后实行公司化管理；积极发动村寨群众参与河流河道管护，强化村民自治管理；开展"水妈妈为母亲河梳妆添绿""水清岸清"等志愿服务活动，引导社会群众支持和参与河流综合整治；推行河湖长制，通过定期巡查、派工单等形式，帮助和监督企业、村民组织等管护主体强化区域内涉水工程运行管理。二是夯实乡村水利基础设施。围绕乡村振兴建设，优化提升项目涉水区域农田灌溉系统、农业交通等基础设施，不断完善水域内农业水利基础设施，实现以水为媒保障农业产业灌溉用水，带动当地群众增收致富，全面助推乡村振兴。三是社会资本带动示范。依托水系连通整治项目区域内的休闲旅游、田园风光、农家乐等资源，大力引进社会资本投资旅游开发，围绕特色人文自然风情进行景观布局，提升项目区水系景观建设水平。

目前，已引进"龙隐谷""龙里水乡""朵花大桥""朵花温泉"等社会资本投资文旅项目 70 余亿元，对河道周边水文化、水景观进行修复和打造，项目建成投运后社会效益明显，与周边龙里大草原、朵花温泉等旅游项目实现无缝衔接，带动区域内旅游开发。如龙里水乡仅 2022 年春节期间接待游客超 10 万人，带动地方群众人均增收 3000 元以上；周边农家乐户数 20 余家增加至 60 余家。

习水县国家紧密型县域医共体建设试点

贵州省卫生健康委员会

一、改革背景

2019 年，习水县成为国家首批紧密型县域医共体试点县之一。习水县抓住机遇，将其作为深化三医改革的重要载体，围绕解决群众"看病难、看病贵、看病远"的急难愁盼问题，整合力量，全力推动改革进程。近几年来，针对医共体建设过程中面临的"紧而不密、联而不动"、总院"小马拉大车"、分院"承接乏力"等困境，习水县立足实际，先行先试，勇于创新突破，群众就近就医需求得到切实解决，就医获得感进一步增强。2022 年获批全国 12 个基层卫生健康综合试验区。

● 遵义市习水县人民医院温水分院鸟瞰图

二、主要做法

（一）创新"1+N"政策保障体系

一是建立整体推进机制。习水县成立党政主要负责同志担任组长的深化医药卫生体制改革领导小组，由同一位领导统管医疗、医保、医药工作。建立政府办医、行业监管、医共体运行三张权责清单，坚持三医协同、部门联动，以党建引领为统揽，落实公立医院党委领导下的院长负责制，配套完善人员编制、薪酬分配、职称评聘、医保支付等政策体系，促进县乡医疗机构能力水平整体提升。二是创新人员编制管理。在全县范围内统筹动态调整人员编制总量，实行人员控制数管理。订单定向医学生直接入编；率先将村医纳入编制管理，已招录事业编制村医33名。三是完善薪酬分配制度。医共体内医务人员实行同工同酬，对到乡镇卫生院工作的高级职称、全日制本科及以上人员每月补助 1000 ～ 1500

元，引导人员向基层流动；427 名村医全部解决养老保障，每人每年定额补助增加 2000 元，取得执业（助理）医师一次性奖励 3000 元。四是优化职称评聘和激励机制。对取得副高及以上职称人员一次性奖励 3000 ～ 6000 元；村医纳入乡镇卫生院职称评聘，解决村医职称晋升渠道问题。五是拓展人才引育渠道。出台《习水县公立医院人才引进和人才培养管理办法》，建立人才引进、职称晋升、学历提升等激励机制。主动对接非定向帮扶的三甲医院，柔性引进专业人员下沉县乡开展服务。六是加大医保支持力度。实施抗癌购药"双通道"，癌症患者购买抗癌药品医保报销由定点医院拓展到指定药店；探索将 50 个以上中医优势病种纳入"同病同效同价"医保支付方式改革；慢病卡办理从县级医院拓展到乡镇卫生院。

🔵 遵义市习水县人民医院专家团队到乡镇卫生院开展免费义诊活动

（二）创新"2+6"运行管理机制

一是重构两个体系。结合习水地域广、人口多、交通远、医疗机构多的山区状况，按照"县级龙头带中心、中心辐射带动一般，突出中心、梯次发展"（2+5+N）模式，由县人民医院和县中医院分别牵头组建两个医共体，分片区重点打造 5 个中心乡镇卫生院，辐射带动区域内其他基层医疗机构提质扩能。二是实现六统一管理。由总院牵头成立"行政、人员、财务、业务、药械、绩效"等 6 个医共体管理中心，对成员单位实行六统一管理。

🔼 遵义市习水县人民医院儿科副主任医师段勇到乡镇卫生院教学查房

（三）创新"医＋防"融合服务模式

一是建立医防融合管理体系。建立由专业公共卫生机构、县级医院和基层机构"三位一体"的慢性病综合防控体系。组建以全科医师为主体，专科医师、公卫医师、村医、药师为补充的家庭医生签约团队，推行"一病两方"，对重点人群实行分级分类管理。二是加强医防融合信息化支撑。打通公共卫生管理平台与 HIS、LIS 和 PACS 系统互联互通的瓶颈；建立移动体检服务站，为特殊群体提供上门健康管理服务；建立"卫生云"APP，方便村医实时上传重点人群随访记录；建立"习水公卫"微信公众号，方便群众随时查看健康档案。通过以上举措，实现了预防、救治、随访等一体化管理。

三、改革成效

习水县通过紧密型县域医共体建设，让群众在家门口就能获得更高质量、更加便捷、更为经济的医疗卫生服务。一是有序就医格局基本形成。县域内就诊率达 92%，高于全国目标 2 个百分点；基层就诊率达 59%，高于全国平均水平 8.8 个百分点。县域内总诊疗人次 262 万人，同比增长 6%，县域内住院就诊率 85%，更多的群众选择在县域内看病就医，真正实现"大病不出县、小病不出乡"。二是医疗服务能力大幅度提升。两家总院医院三四级手术比例达 51%，较试点前提高 12 个百分点；两家总院医院医务性收入占比均在 36% 以上；基层机构开展新技术新项目较试点前增加 27 项，实现"县级强"到"县域强"的转变。三是医疗卫生资源有效利用。双向转诊达 4737 人次，较试点前增加 3382 人次；远程诊断达 3.2 万例，较试点前增加 2.5 万例，响应率达 100%，有效整合县域内医疗卫生资源。四是医疗 - 医保 - 医药有效联动。卫健、医保联合加强行业监管，强化"四合理"管理，加大基药使用率，优化药品耗材集采管理与使用，对未纳入集采耗材进行控价招标采购，提升医保基金使用效能。医保住院费用报销比例为 73%，县域内报销费用较试点前增加 1.37 亿元，减少医保基金外流，群众外出就医逐步减少，负担进一步减轻，确保医保基金安全。

习水县"国家紧密型县域医共体建设试点"入选 2022 年贵州省"优秀改革试点"，得到 CCTV、CGTN 等国家媒体的宣传报道，《学习时报》《健康报》等主流媒体刊发推介，作为全国唯一受邀县在国家卫健委新闻发布会上进行经验分享。

贵阳大数据交易所优化提升试点

贵州省大数据发展管理局

一、改革的必要性和迫切性

（一）优化提升贵阳大数据交易所是中央给贵州的试点任务

2022年1月，国务院印发《关于支持贵州在新时代西部大开发上闯新路的意见》（国发〔2022〕2号），明确要求"支持贵阳大数据交易所建设，促进数据流通"。2022年6月，习近平总书记主持召开中央全面深化改革委员会第二十六次会议，审议通过《关于构建数据基础制度更好发挥数据要素作用的意见》，明确提出"要建立合规高效的数据要素流通和交易制度，完善数据全流程合规和监管规则体系，建设规范的数据交易市场"。优化提升贵阳大数据交易所，是贯彻落实中央工作部署的具体举措，是贵州建设数字经济发展创新区的重要内容。

（二）优化提升贵阳大数据交易所是深化数据要素市场化配置改革的迫切需要

贵州是全国率先开展数据场内流通交易改革探索的省份。2015年4月，贵州就成立了全国首个大数据交易所——贵阳大数据交易所，但经过多年探索并未达到预期效果，主要存在三个方面的问题：一是 "数据能不能交易"，政府监管和指导缺位，民营资本运营公信力不足，数据产权界定不清；二是 "数据怎么交易"，数据交易规则和标准不完善，技术支撑不足，市场主体担心交易数据的质量和安全；三是 "数据交易什么"，都有哪些数据产品和应用场景，如何释放数据要素价值。这些问题都需要在体制机制等层面大胆探索、深化改革，寻找解题之方、破题之路。

● 贵阳大数据交易所

二、改革试点措施和阶段性进展

（一）改革运营体制，实现政府和市场深度协同联动

省大数据局印发《贵州省数据流通交易管理办法（试行）》，构建 "一中心＋一公司" 组织架构，由省大数据局下属公益一类事业单位——

贵州省数据流通交易服务中心，负责建立数据流通交易规则、安全保障等制度，探索创新数据流通交易机制；由投资重整后 100% 国资的贵阳大数据交易所有限责任公司，对交易所进行市场化运营，开展数据交易供需撮合和推广，解决数据在哪里交易、交易如何监管等问题。

🔵 承载"一中心＋一公司"组织架构的贵州省数据流通交易服务中心

（二）改革交易机制，实现数据流通交易有规可循

编制发布全国首套数据流通交易规则体系：《数据要素流通交易规则（试行）》《数据交易合规性审查指南》《数据交易安全评估指南》《数据产品成本评估指引 1.0》《数据产品价格评估指引 1.0》《数据资产价值评估指引 1.0》《数据商准入及行为管理准则》《数据要素安全可信流通技术标准》等，明确交易场所、交易标的、交易流程和各参与方权利义务，颁发数

据商凭证、数据中介凭证、数据要素登记凭证、数据信托登记凭证、数据用益凭证等五个凭证，并推动获得国家 OID 注册中心认证，确保流通数据来源合法、隐私保护到位、流通交易规范、收益合法合规，解决数据如何交易、市场主体如何参与等问题。

🔼 大数据交易所颁发的五个凭证

（三）改革交易路径，实现数据流通安全可信

运用云计算、区块链、联邦学习、多方安全计算等技术，依托全国一体化算力网络国家（贵州）枢纽节点，建设全省统一的安全可信数据流通交易平台，实现原始数据"可用不可见"、数据产品"可控可计量"、流通行为"可信可追溯"，支撑数据产品和服务、算力资源、算法工具等多元化产品交易，并在国家发展改革委员会价格监测中心支持下上线数据产品交易价格计算器，引导市场主体探索建立数据价格形成机制，形

成安全可信数据流通交易基础设施，解决数据用什么交易、如何安全交易等问题。

（四）改革数据供给，实现公共数据价值释放

深入推进国家公共数据资源开发利用试点省建设，建立政务数据安全可信授权运营模式，通过"一场景一申请""一需求一审核""一场景一授权""一模型一审定"，让过去未能入市的政务数据和公共数据依法释放价值，围绕普惠金融、电力大数据、公共资源交易、劳动用工、交通运输、气象等重点领域场景应用形成一批数据产品，解决公共数据如何供给、数据交易什么等问题。

贵阳大数据交易所气象专区

（五）改革服务体系，培育数据交易产业生态

一方面培育一批行业性、产业化数据商，提供数据产品开发、发布、承销和数据资产合规化、标准化、增值化服务，促进提高数据交易效率，持续壮大数据交易主体；另一方面支持第三方专业数据服务中介机构提供数据集成、数据经纪、合规认证、数据公证、数据保险、资产评估、争议仲裁、交易撮合、人才培训等服务，打造数据流通交易全流程服务体系，解决数据交易服务支撑不足、数据进场交易积极性不高等问题。

三、改革成效及下一步改革方向

通过不断先行先试、探索创新，贵阳大数据交易所优化提升取得阶段性成效，成为我省数据要素市场化改革的核心枢纽。一是交易规模不断扩大，累计完成交易 494 笔，完成交易额达 8.65 亿元。二是获得市场广泛认可，累计集聚"数据商"等市场主体 524 家，上架数据产品 810 个。三是服务支撑持续完善，创新建设"电力数据专区""气象数据专区""政府数据开放专区"等行业领域"交易专区"，上线全国首个数据产品交易价格计算器，成为全国首个数据要素登记 OID 行业节点，汇聚"数据中介"24 家。

下一步，我们将以习近平新时代中国特色社会主义思想为指导，深入贯彻落实党的二十大精神，抢抓国发〔2022〕2 号文件政策机遇，落实中共中央、国务院《关于构建数据基础制度更好发挥数据要素作用的意见》（简称"数据二十条"）部署，结合全国一体化算力网络国家（贵州）枢纽节点建设，抓住"算力"核心生产力和"数据"核心生产要素

两个牛鼻子，继续优化提升贵阳大数据交易所，打造国家数据生产要素核心流通枢纽。一是持续强化数据高质量供给，通过授权运营释放政务数据和公共企事业单位数据价值。二是大力培育流通产业生态，围绕数据流通交易上下游产业链，培育一批数据商、数据中介等市场主体，激发市场活力。三是探索推进数据资产化，在财政部指导下探索开展数据资产入表，制定数据资产融资方式等支持政策。四是强化数据安全监管，完善数据交易安全评估和合规性审查，确保流通的数据安全合规使用。

△ 贵阳大数据交易所交易平台可视化大屏

通过持续推进数据要素市场化配置改革、优化贵阳大数据交易所，探索构建数据基础制度体系，积极打造国家数据生产要素流通核心枢纽，为国家数据要素市场化配置改革积极探索贵州经验、贡献贵州智慧。

贵州省创新打造"税务信用云"平台
助力地方经济发展试点

国家税务总局贵州省税务局

一、改革试点背景

近年来，中小企业普遍面临缺资金、缺担保的问题，融资难、融资贵已成为其发展的最大掣肘。为破解中小企业成长难题，解决其融资困扰，我局深入挖掘税务数据资源，以多部门涉税数据共享应用为基础，以推广运用"税务信用云"（以下简称"信用云"）为突破口，为银企搭

🔵 2017 年 12 月 12 日全国"线上银税互动"试点专题会议上题目为"唤醒沉睡的数据资源"的典型发言

桥，为政府服务，以信用换信贷，全力助推中小企业高质量健康发展。

二、改革做法

我局充分利用互联网技术和大数据手段，在全国率先开发建设"信用云"平台。该平台拥有信息公开、信用画像、金融服务、政府扶持、数据管理等功能，能够在金融机构和政府部门之间互通共享企业信息，推动税务信用实现社会化应用。

（一）以税获信，挖掘税务信用"金山银矿"

集成整合涉税数据、客观评定信用等级、实时更新企业诚信状况，解决企业信息碎片化、分散化、区域化和涉税信息长期沉睡等问题，实现信息联通、信用画像。一是涉税信息"云上聚"。"信用云"将税务、市场监管、社保等多部门掌握的市场主体涉税信息进行融合、加工、脱敏"数字化"处理，形成企业信用大数据，多维度反映企业生产经营状况。二是纳税信用"自动评"。"信用云"按照企业税收遵从记录，通过诚信意识、遵从能力、实际结果和失信程度 4 个维度、100 多项评价指标，评价企业纳税信用状况，自动评出 A、B、M、C、D 五个信用等级，纳税人可随时查询、使用并授权第三方使用信用信息。目前，贵州省已有 154.68 万户（次）纳税人取得了纳税信用。三是企业详情"一键查"。定期公示 A 级纳税人信息、欠税信息、重大违法案件信息等，帮助各级政府、金融机构、纳税人掌握市场主体诚信状况，让"守信者一路绿灯，失信者寸步难行"。2018 年以来，已公示 60784 户次 A 级纳税人信息、2026 条欠税信息、3776 条重大税收违法案件信息。

● 2019 年 8 月重庆智博会，税务信用云作为优秀政务项目参加智博会

（二）以信授贷，畅通银行放贷"绿色通道"

创新信用贷、数据算、线上办的方式，解决企业贷款无担保、无抵押物，银行放贷成本高、手续复杂、周期长等问题，实现征信互认、纾困惠企。一是信用担保，破解企业"融资难"。"信用云"整合税务机关纳税信用评价和银行业金融机构授贷评级标准，综合测算税收遵从、生产经营、偿债能力等信贷资质信息，自动生成授信评级和授信额度，让纳税信用成为贷款"抵押物""担保物"。二是数据融合，破解企业"融资贵"。银行通过"信用云"，全面掌握企业生产经营信息，靶向筛选符合贷款条件的企业，减少人工收集、审核、流转审批、资产核验等放贷综

合成本，为降息提供了空间。三是线上办理，破解企业"融资慢"。"信用云"实现银税直联，企业可在线查询银行授信额度、贷款费率，"一站式"完成在线申请、审批、签约、支用、还款，全流程网络化、自助化，缩短审批流程。目前，200 万元以内的信用贷款可实现当天放贷，与原线下办理至少需 3-5 个工作日相比，效率大幅度提高。

（三）以贷活企，打造经济决策"智能助手"

聚焦挖掘企业潜能、激活市场潜力，发挥大数据"智力汇聚"作用，运用"信用云"平台解决重点扶持对象难筛选、决策风险难防范、政策效应难评估等问题，实现评判有据、决策有方。一是精准扶持重点企业。将"银税互动"服务与重点行业（企业）扶持相结合，加大对专、精、特、新企业服务力度，将 454 户贵州省专、精、特、新企业名单"点对点"传递到银税合作银行，由银行对企业进行"一对一"信贷产品推荐，帮助其解决融资问题。2022 年已支持 57 户专、精、特、新企业获得信用贷款 12.57 亿元。二是服务政府经济决策。通过"信用云"分区域、行业、重点企业提取经营信息、贷款金额、税收数据等，开展不同维度的经济税收分析，为政府降低产业扶持、项目规划、招商引资等经济方面的决策提供数据支撑和风险分析，充分发挥税收职能作用，助力地方经济社会高质量发展。

● 2022 年"银税互动"推介会现场

三、改革成效

一是缓解了中小企业融资难题。目前,"信用云"已汇集 340 亿条数据,累计为 302 万户次纳税人评定了授信额度,为中小企业与金融机构搭起了信息沟通的"桥梁",双方实现了"共赢"。"信用云"平台运行以来,已与 27 家银行开展"省对省"银税合作,推出了"税源 e 贷""云税贷"等 54 种金融信贷产品,累计帮助 21.18 万户次市场主体、自然人获得信用贷款 865.35 亿元,取得了积极成效。

二是优化了中小企业营商环境。"信用云"发挥了激励和约束功效,促进企业遵纪守法、诚信经营、积极纳税,让企业在阳光下成长。2022 年,全省纳税信用 A、B、M 级企业纳税人共 56.83 万户,同比增长

8.95%；新增涉税市场主体 27.73 万户，同比增长 22.10%，市场主体活跃度明显增强。通过"信用云"，纳税人增强了获得感，提高了满意度。在 2022 年全国纳税人满意度调查中，我省满意度分值同比增加了 3.34 分、上升 5 位，在西部名列前茅。

三是贡献了数据利用的贵州智慧。我省首创的"信用云"，已成为全国税收服务的响亮品牌，入选贵州省第一批政府大数据应用省级典型示范项目，获评贵州省政府研究问题破解难题竞赛活动优秀成果奖；荣获 2018 年贵州大数据十大融合创新推荐案例。国务院办公厅专题刊载了我省运用税务"信用云"破解中小企业融资难的经验做法。建设银行、交通银行已在全国复制推广贵州"信用云"做法。中央电视台《新闻联播》《中国政府网》《贵州日报》等主流媒体多次重点报道。

毕节市深化"贵人服务·毕须办"政务 服务品牌建设试点

毕节市人民政府政务服务中心

近年来,毕节市着力打造以"办一件事'毕须'一次告知、进一张网'毕须'一网通办、进一扇门'毕须'一次办成"的"贵人服务·毕须办"政务服务品牌,2021年相关经验做法获省委主要领导批示肯定。2022年,省委深改委明确将深化"贵人服务·毕须办"政务服务品牌建设作为毕节市委主要领导牵头的全省"一市一示范"重点课题,市委、市政府高度重视,先后召开市政府常务会、市委常委会审议工作方案,部署相关工作,并以市政府办公室名义印发了《毕节市深化"贵人服务·毕须办"政务服务品牌建设工作方案》,在"三个一"的基础上明确了"抓服务模式再造、确保'毕须'就近办,抓业务流程再造、确保'毕须'标准办,抓数字服务再造、确保'毕须'高效办"的"三抓三确保"工作措施,扎实推进"贵人服务·毕须办"政务服务品牌建设向纵深发展。

⌃ "毕须办"窗口

一、抓服务模式再造，确保"毕须"就近办

一是大厅"一站办"。推动市级、大方、赫章、金沙等地聚焦"行政审批和公共服务、招商引资服务、中小微企业商务活动服务、市民信息服务、地方形象展示、市民城市会客"等六大功能定位，推进政务服务事项"一站办"。二是服务"延伸办"。选取试点探索乡村服务"延伸办"，黔西县新仁苗族乡化屋村、织金县猫场镇、金沙县沙土镇等已实现医保、社保等 93 个事项"一窗通办"。积极推进"园区事园区办"，黔西、金沙、赫章等相关园区已完成服务"代替办"挂牌，1.2 万余户企业享受帮办代办服务。三是事项"跨省办"。以"精准摸底、精准对接、精准宣传、精准服务"推进"跨省通办"改革，携手浙江省永武晋磐四地

创新探索推行新生儿"出生一件事"跨省联办。目前已与广东、浙江、上海等 25 个省（自治区、直辖市）建立"跨省通办"协调联动机制，累计办理跨省业务 8.22 万余件，累计为企业群众节约办事成本 2.8 亿元，获企业和群众赠送锦旗 34 面。

"企业之家"服务专员在企业洽谈服务区为企业提供一对一服务

贵州毕节的新生儿"出生一件事"，在浙江永康产科医院就能办成

二、抓业务流程再造，确保"毕须"标准办

一是事项标准化，提升办事精度。横向纵向统一全市依申请政务服务事项的共性要素，实现同一事项在市、县、乡、村四级事项名称、设定依据等要素统一，实现一套服务机制、一个标准对外，全市标准化事项关联率达 94.15%。二是分类科学化，提升办事速度。积极推进"一窗通办'2+2'模式"改革，形成"党委政府统筹部署、政务中心牵头落实、进驻部门协同配合"的"三级联动"工作格局，实现"前台综合受理、后台分类审批、综合窗口出件"的工作模式，前台窗口缩减比例达 51.25%，前台窗口人员缩减比例达 49.20%，纳入一窗综合受理事项占比达 100%，极大地方便了企业和群众办理政务服务事项。三是形式多样化，提升办事力度。梳理多样化办事清单，建立清单发布、动态调整、上下联动配套机制，为企业群众提供多渠道、便利化服务。梳理电话办事项 152 项、马上办事项 692 项、一键办事项 73 项、当面办事项 175 项。四是服务人性化，助力惠企纾困。在 12345 热线中心建立惠企政策知识库，创新开通政务服务"一号咨询"业务，确保 7×24 小时不打烊受理企业服务事项。目前已汇集 96 项惠企纾困政策，受理办结企业诉求 327 件，实现涉企诉求接通率 100%、办结率 100%、满意率 100%。

▲ 惠企纾困企业代表座谈会

三、抓数字服务再造，确保"毕须"高效办

一是一网快速办。积极推进政务服务更大范围"一网通办"改革，提升政务服务"一网通办"效能。目前，已实现公积金 20 个事项融通，全市政务服务事项"全程网办"率达 80.76%。除公安等专网业务外，其余事项均可通过贵州政务服务网"统一认证、办件回传、业务迁移、综合受理"等方式进行办理。二是一证便捷办。依托贵州政务服务网实现个人多类常用数据和企业多项数据汇聚，持续优化审批服务流程。使用贵州政务服务网的部门，实现共享证照免提交率达 100%，"一证通办"事项达 104 项。三是当日限时办。对中小微企业推行"一个窗口统一受理分派、多个部门同步并联审批"的集成服务，在全省率先从 2 个工作日压缩至 1 个工作日，对材料齐备、符合法定形式和受理要求的，办理

时限最快 150 分钟办结,实现企业开办"当日办结",同时持续优化企业登记注销和正常跨区域迁移服务,企业享受"当日办结"服务 18523 户。四是一事一次办。将企业和群众办成"一件事"所涉及的多部门审批服务事项进行整合打包、优化流程,变串联办理为并联办理,已为企业群众提供"一件事一次办"服务 4.7 万余件。

虽然我们深化"贵人服务·毕须办"政务服务品牌建设试点工作取得了一定成效,但离群众期盼和组织要求还有一定差距。下一步工作,我们将全面贯彻党的二十大精神、省第十三次党代会和市第三次党代会精神,认真贯彻落实中央、省和市关于政务服务工作的各项决策部署,紧紧围绕"两区一典范一基地"的战略定位,打响"贵人服务·毕须办"政务服务品牌,积极为全省推进政务服务标准化、规范化、便利化建设提供更多可借鉴、可推广的经验,为谱写多彩贵州新篇章提供政务服务保障。

铜仁市县域共青团基层组织改革综合试点

共青团铜仁市委员会

深化群团改革既是党中央部署的一项重要工作，也是全面深化改革的重要组成部分。党的十八大以来，以习近平同志为核心的党中央高度重视群团事业发展，习近平总书记多次对青年工作和共青团工作作出重要指示批示，并审阅同意《关于扩大县域共青团基层组织改革试点的指导意见》。铜仁作为全国三个之一、全省唯一一个整市推进改革的国家试点，以强化政治功能、形成社会功能为基本目标，以"六化"（干部来源多元化、组织方式多样化、引领动员网络化、工作内容项目化、生存资源社会化、运行机制扁平化）为主攻方向，持续提升基层团组织"三力一度"（组织力、引领力、服务力和大局贡献度），在建机制、强功能、增实效上取得了新突破。

整市推进县域共青团改革"百日攻坚"动员部署会

聚焦"建机制",构建党的青年工作新格局。深刻认识共青团作为党的助手和后备军,坚持党旗所指就是团旗所向,切实加强党对青年工作的领导。一是强化党建带团建机制。成立以市委书记、市长任双组长,相关市领导为成员的改革工作领导小组,明确全市各级党组织负责人带头落实"五个一"(听取一次汇报、参加一次会议、作出一次批示、调研一次工作、解决一个问题)要求,建立党建带团(队)建"四个纳入"(纳入党建工作部署和年度考核,纳入基层党组织书记抓基层党建述职,纳入党委巡察监督,纳入教育评价和教育督导)机制,形成高位推动共青团改革的浓厚氛围。二是强化部门联动机制。完善中长期青年发展规划联席会议制度和团教协作制度,建立共青团工作经费合理增长机制,落实县域青年发展工作"人均 1 元钱"的经费保障，支持青年工作经费从 1500 余万元增长到 4000 余万元，积极构建齐抓共管格局。三是强化上下联动机制。构建"党委统领、团委统揽、上下统筹、联动统抓"和"区县分类、任务分领、经验分创、责任分担"的"四统四分"工作体系，市、县、乡、村四级上下贯通、协调联动，推进改革工作落地落实，被团中央采用为"县域共青团改革典型案例"。

聚焦"强功能"，展现新时代共青团新形象。围绕"团组织、团干部、团员"三个关键抓实改革，不断保持和增强共青团的政治性、先进性和群众性。一是展现团组织新形象。丰富各领域团的组织形态，针对乡镇、农村等传统领域青年较少的现状，探索成立联村团支部，针对新兴领域青年流动性大的特点，探索建立行业系统团工委，规范化建设各领域团支部 10651 个，让青年找得到、靠得住、离不开，打通服务青年"最后一公里"。二是展现团干部新形象。聚焦"选、育、管、考、用"，成为全国首个出台团干部队伍建设改革文件的地级市，被《中国青年报》头版头条报道。探索下管一级制度，完善乡镇和学校团干部履职考评机制，激活各级团干部干事创业激情。团干部配备率从 60% 增长到 98%，选优配强各级团干部 2 万余人，比改革前增长 1.5 倍。三是展现团员队伍新形象。奏响青年追求政治进步的"人生三部曲"，严格规范入团入队程序，完善推优入团、推优入党等制度，加强全团带队，推动党、团、队育人链条衔接贯通，团青比从 23.4% 下降到 15.2%，推优入党率达 90%。

🔵 非公团组织志愿者联合"四点半课堂"开展户外拓展活动

🔵 铜仁市第五小学大队辅导员刘梅在矮屯社区开展主题队课

聚焦"增实效",履行共青团职责彰显新担当。牢牢把握共青团"根本任务、政治责任、工作主线"三个根本性问题,围绕"引领凝聚青年、组织动员青年、联系服务青年"三项基本职责,切实当好党的助手和后备军。一是青少年思想政治引领开创新局面。始终聚焦为党育人主责主业,强化青少年思想锻造,积极引导广大团员青年感党恩、听党话、跟党走。组织团员青年参与"青年大学习"500 万人次,组织少先队参与"红领巾爱学习"300 万人次。开展"青年马克思主义者培养工程""青春长征"党的创新理论青年培训,培育团员团干、农村青年、青年企业家等 3.7 万人次。选树"五四青年奖章""两红两优"等优秀青年 2000 余名。二是促进青年发展取得新成效。围绕青少年需求,主动向社会筹资源,培育团属社会组织 37 个,筹集社会公益资金 1750 万元,惠及 3.69万青少年。争取助学金、春晖公益资金 7000 余万元,实施"青扶贷"优惠政策,为农村创业青年发放创业贷 700 余万元,帮助 4000 余名大学生就业创业。聚焦青年急难愁盼,市委、市政府印发《铜仁市青年友好型成长型城市建设实施方案》,实施青年发展重点项目 77 个、青年实事100 件,市、县两级"青年(人才)驿站"建设全覆盖。三是积极展现青春建功新作为。大力开展"青春建功大扶贫"行动,选派 289 名团干部驻村帮扶,5000 余名西部计划志愿者扎根基层,组织广大青年积极投身巩固拓展脱贫攻坚成果同乡村振兴有效衔接。组建疫情防控青年突击队2871 支,招募 3.2 万余名志愿者参与疫情防控阻击战。积极组织团员青年参与"数博会""水博会"和全省旅游"两会"等大型赛会志愿服务工作。开办青年乡村振兴夜校 46 所,扎实开展安置点"希望工程·陪伴行动"，积极帮助安置点群众融入"新生活"成为"新市民"。

🔵 青年志愿者助力春耕生产

改革以来，铜仁作为全国唯一一个地级市在全国县域共青团基层组织改革动员部署会上作了交流发言，得到团中央书记处第一书记贺军科同志的充分肯定，并在全团基层组织改革沙龙上作经验分享，《党委出台团干部队伍建设改革"二十条"》纳入团中央基层组织改革建设和指导手册在全国推广。碧江区入选全国青年发展型县域建设试点，铜仁市火车站疫情防控志愿服务站被中央宣传部评为第六批全国学雷锋活动示范点。共青团铜仁市委在全省共青团考评中连续两年被评价为"优秀"，位列全省第一。通过改革，铜仁共青团"三力一度"显著提升，让党更加放心、青年更加满意、社会更加认可，在新时代、新征程中彰显青春担当，焕发了昂扬向上的时代风貌！

黔东南苗族侗族自治州基层民主"院坝协商"试点

中国人民政治协商会议黔东南苗族侗族自治州委员会研究室

　　如何在基层践行"全过程人民民主"？习近平总书记强调："有事好商量，众人的事情由众人商量。"（《推进协商民主广泛多层制度化发展》2014 年 9 月 21 日）根据省政协《关于探索开展基层民主协商试点助力基层社会治理体系建设的指导意见》，近年来，黔东南苗族侗族自治州创新推进"院坝协商"试点工作，着力把协商民主搬到群众身边，实现"五到一线"的效果，助推将协商民主的制度优势转化为基层治理效能。截至目前，全州建立"院坝协商"阵地 412 个、乡镇（街道）政协联络委222 个、村级"委员工作室"417 个、"委员之家"141 个，在 1308 个村开展了"院坝协商"，协商达 2857 场次；累计办成民生实事 596 项，顺利革除陈规陋习 165 项。

🔵 古榕树下说心声"院坝协商"解难题

一、主要做法及成效

一是协商组织延伸到一线。按照"不建机构建机制"的原则，制定有场所、有主体、有设施、有标识、有制度、有人员"六有"标准，鼓励委员建立"委员工作室"，在政协委员相对集中、基础条件相对较好的单位建立"委员之家"，在乡镇建立政协联络委，着力用好出诊、坐诊、会诊"三诊"工作法，创新推进委员履职更有成效。

二是协商平台搭建到一线。充分依托农家院坝、鼓楼凉亭、风雨长廊、文化广场等场所搭建"院坝协商"阵地，采取"党政点题、政协选题、委员荐题、群众出题、各方征题"的多元模式，精准选择内容具体、协商操作性强的议题，有针对性地开展协商活动。同时，通过开展"委员讲堂""委员小课堂"等方式，宣传好有关惠民政策，做好技能培训，让身边群众说变化、讲感受,在协商中教化育人。

三是协商活动深入到一线。坚持以委员为主体,实行政协委员下沉联系村(社区)工作责任制,组织每名委员联系 1—3 个村(社区),定期走访群众,开展民情座谈,加强沟通交流,结合当次协商主题,构建"政协委员＋村组干部＋党代表＋群众代表＋乡贤能人＋主题涉及的有关主管部门负责人"的协商格局。

一场由政协委员组织,党政机关、乡贤寨老、村民代表等参与的"院坝协商"正
如火如荼开展

四是协商文化培育到一线。大力培育基层协商文化,充分运用线上线下相结合模式,多层次、全方位宣传报道"院坝协商"工作,建设了一批协商文化墙、文化专栏、文化长廊。《人民日报》《人民政协报》《贵

州日报》等先后刊播"院坝协商"新闻稿件 100 余篇,"院坝协商"好声音越来越多,品牌越来越响亮。

五是协商成果运用到一线。坚持从"切口小、切口实""能完成、能解决"着手,围绕党政关注要事、群众关切实事、基层治理难事,扎实开展"院坝协商",促成一批产业项目顺利实施,促进一批民生实事顺利办成,促使一批陈规陋习加快破除,受到广大群众好评。

🔵 全省政协"院坝协商"工作座谈会在黔东南苗族侗族自治州召开

2021 年 12 月,形成典型经验《黔东南州"四到一线"探索基层民主院坝协商试点》获《贵州改革情况交流》刊发推广。2022 年 5 月,在全国政协副主席张庆黎同志赴贵州视察座谈会上,张庆黎同志对我州"院坝协商"工作予以高度肯定。2022 年 6 月,全省政协"院坝协商"工作座谈会在我州召开,十二届省政协主席刘晓凯等领导出席会议,给予我州"院坝协商"工作高度评价;黔东南苗族侗族自治州政协拟定的《黔东南州"院坝协商"工作规则（试行）》被省政协充分吸纳，直接上升为省级"院坝协商"工作规则，并下发全省实施。2023 年 1 月，《黔东南州政协：创新开展"院坝协商"着力推动"商在一线"》获 2018—2022年贵州省市州政协履职工作亮点品牌十佳案例。2023 年省"两会"期间，贵州电视台"两会面对面"专栏对我州"院坝协商"工作进行采访报道。云南省、四川省、遵义市、黔南布依族苗族自治州等省内外政协系统先后到我州做专题考察学习。

二、经验启示

从试点探索到全面推开，通过近两年的探索实践，"院坝协商"已逐步成为基层党委政府的"好帮手"、人民群众的"连心桥"、委员履职的"新平台"。工作中有以下经验启示：

1. 党委领导是前提。政协工作是党的工作的重要组成部分，"院坝协商"工作必须坚持在党委领导下开展工作，对涉及协商的方向、领域等重大问题必须向党委汇报。

2. 政协主导是重点。"院坝协商"是由政协搭建的协商平台，必须坚持突出县级政协主推、突出政协委员主导、协商活动主持人突出政协委员身份"三个突出"，离开政协委员作为主导参与，就不能称之为"院坝协商"了。

3. 精选议题是关键。"院坝协商"应聚焦基层党政工作的要事、群众生产生活的实事、基层社会治理的难事，选题宜小不宜大，宜实不宜虚，突出"小快急"问题。

4. 平台建设是保障。"院坝协商"的平台必须在农村一线，可以依托农家院坝、鼓楼凉亭、风雨长廊、文化广场等为载体，突出"不建机构建机制"原则。

5. 群众参与是基础。"院坝协商"必须直面群众、紧贴民生、顺应民意，让群众知晓政协是什么、干什么、为什么，才能切实充分发挥政协职能优势。

6. 促进和谐是目的。协商是化解矛盾，不是制造矛盾、激发矛盾。为此，"院坝协商"可确保有利于化解矛盾、有利于事情解决、有利于画出最大同心圆。

剑河县革东镇宝贡屯村召开"院坝协商"会议协商"乡村振兴产业路建设"事宜

南明区探索建立老旧小区改造后续物业管理长效机制试点

贵阳市南明区住房和城乡建设局

一、改革背景

南明区 2021—2023 年老旧小区改造目标任务数为 48801 户，占全市总任务数的 41%，已改造完成 45 个小区，涉及 27955 户。这些已改造小区大部分无物业公司、无业主委员会、无公共维修基金。南明区坚持老旧小区改造"建管并重"，在硬件设施改造完成后，按照"一次改造、长效管理"原则，同步强化老旧小区服务管理，确保老旧小区外观"颜值"不反弹、内在"气质"新提升。

二、改革目标

探索建立老旧小区改造后续物业服务管理长效机制，制定并实施《关于老旧小区改造后续物业管理长效机制的改革实施方案》，街道办事处以辖区为单位将老旧小区物业管理整体打包，引进社会物业企业进行专业化管理服务，实现老旧小区可持续运营管理。坚持"试点先行、规模复制、全面推广"的原则，以南明辖区内其他街道为重点区域，将成熟经验进行全区推广,力争 2024 年实现改造后老旧小区物业管理长效运营 100% 覆盖。

三、改革举措

（一）让物管企业愿意来

直面单个老旧小区基础差,可运营空间少,物业公司入驻意愿低的困境,南明区发挥党政主导作用,整合区域资源,形成工作合力,实现有为政府和有效市场的充分结合。一是老旧小区通过引进社会物业企业进行专业化管理服务,积极探索由"政府管"到"社会管"的小区管理模式,减轻基层社区"临时物业服务"角色压力。在推进试点改革过程中,以试点小区作为试验场,成立老旧小区共治管理委员会,搭建沟通议事平台,协助沟通管理服务单位、居民之间的关系,解决物业管理中"急难愁盼"的诉求。二是区级统筹,南明区把"探索建立老旧小区改造后续物业管理长效机制"作为"一县一试点"改革年度选题,成立由区委书记任组长,区委副书记和区政府分管副区长任副组长的工作领导小组,制定印发《关于老旧小区改造后续物业管理长效机制试点改革实施方案》。积极引进多个一线城市有老旧小区长效运营成功案例的优质物业公司——和家物业。在前期设计阶段充分吸收物业运营公司意见,为后期物业服务管理可持续发展提供空间支持。三是部门联动,统筹住建、综合行政执法、市场监管、公安、交管、消防、民政等区直部门及属地街道力量,共同推动管理进小区、执法进小区、服务进小区,推动政府部门的城市管理行为和市场主体的物业服务行为紧密衔接,实现物业服务同社区治理有机结合。2022 年 4 月以来，相关部门及属地街道共开展 10 次集中检查，协助物管企业有效解决试点小区旧改遗留、消防隐患、绿化环境等各类问题。四是平台支撑。由南明区城市发展运营有限公司与引进入驻的物业服务公司共同成立合资公司，整合区属优质资源、业务，有效发挥物业服务公司的专业专长，实现优势互补、资源整合、价值再造，合资公司产生的营利按照股权分配，既拓宽了南明区城市发展运营有限公司的老旧小区改造还款来源，又反哺了物业公司在老旧小区的运营亏损。

◆ 兴隆巷老旧小区 1 号院落改造前后对比

◆ 茶花广场改造前后对比

🔼 玉田片区茶花小区墙立面改造前后对比

🔼 青云路步行街改造前后对比

🔼 青云路步行街改造前后对比

🔺 青山小区老旧小区改造前后对比

（二）让物管服务质量好

直面老旧小区量多面广情况复杂，政府在老旧小区治理方面管不好、无力管的困境，南明区借助市场力量，充分发挥物业企业专业运营能力，落实物业企业服务质量主体责任。一是保障基础服务。老旧小区流动人口多、老年人多、困难群众多，物业采取"先进驻缓收费"方式，全力做好垃圾清运、绿化养护、安保巡逻及车辆引导停放等基础物业服务，让居民感受到物业入驻前后居住环境和生活服务变化，待居民认可后，再以每月每平方 0.5 元的物业收费标准开始收费。二是挖掘老旧小区可经营资源，保障老旧小区物业管理质量。和家入驻后积极拓展直饮水机、闲置空间运营、社区市集等增值业务，同时积极挖掘居民刚性需求，推出局部装修、入户维修、家政服务等多业态服务，通过有偿服务增加企业收益，可贴补部分运营亏损，促进和家物业自我造血。截至目前，物业公司通过拓展个性服务，实现创收 30.36 万元。

（三）让物管机制可持续

直面老旧小区居民对物业公司进驻普遍持消极观望态度的困境，南明区充分调动群众主体作用，增强社区居民参与能力，确保老旧小区物业管理工作获得群众认可和支持。一是居民参与表决。由属地街道、社区积极配合物管公司按照《民法典》规定，组织老旧小区专有部分面积占比三分之二以上的业主且人数占比三分之二以上的业主就物业公司入驻事宜参与表决，经参与表决专有部分面积过半数的业主且参与表决人数过半数的业主同意，确保物业入驻依法有效。目前，6 个试点小区均已完成"双过半确权入驻"。二是居民参与协商。结合各试点小区实际，通过居民议事会形式充分发动居民参与协商，因地制宜确定物业服务内容和收费标准，努力实现物业供给与居民需求的高效匹配。同时，针对无力承担物业费的特殊困难群体，创新以提供公益社区服务的方式抵扣相应物业费。三是居民参与评价。探索成立由街道办事处、社区居委会、居民代表和物业企业共同组成老旧小区共治管理委员会，建立物业服务质量考评制度，对物业服务质量进行常态化考核、监督，不断总结经验，探索路径，夯实成果。

西秀区县域共青团基层组织改革试点

共青团西秀区委员会

自入选全国县域共青团基层组织改革试点以来，西秀区坚持以习近平新时代中国特色社会主义思想为指导，牢牢把握共青团改革正确方向，锐意进取、自我革命、大胆探索，建机制、强功能、增实效，全力推动共青团改革走深走实，团的组织力、引领力、服务力有效提升。自改革以来，改革试点相关工作获市级以上主流媒体报道 34 条，其中省级以上主流媒体 13 条。

一、坚持党建带团建，全面构建改革联动格局

把准关键，激活改革"一江春水"。西秀区坚持把建机制、强保障作为推进改革工作的重要抓手，制定《西秀区共青团基层组织改革试点实施方案》，成立以区委书记、区长为双组长的西秀区基层团组织改革试点工作领导小组，建立工作调度机制、分片联系机制、任务督办机制，紧紧围绕改革任务绘好路线图、任务书，通过"周汇总、月调度、台账管理销号"方式，对全区共青团改革工作进行定期调度、统筹推进，全面增强改革综合动能。

二、强力统筹抓落实，纵深推进改革各项任务

聚焦重点，推动改革"茁壮成长"。西秀区聚焦改革重点任务、关键领域，持续求实效、出实招、下实力，全力抓改革促落实。

一是"横""纵"融合，不断充实全团工作力量。从乡镇、学校、金融、非公等领域"横向"借力，选拔政治过硬、作风扎实、自律严格、善做青年工作的年轻干部进入团区委机关挂兼职干部队伍，改革后编制内干部配备率、在岗率达 100%，机关干部力量较改革前增加 9 人，同比增长 100%；探索"2+N"选人"试岗"机制"纵向"选人，通过"试岗"择优选拔任职，将 292 名青年团员或党员充实到基层团组织团干部队伍；探索岗位激励、发展激励机制"融合"管理，优秀西部计划志愿者考核转编政策正在落地，建立西秀区青年骨干信息库台账，择优向上推荐，实现 4 名团干部进入体制或提拔到副科级领导岗位。

乡镇团委副书记试岗人选培训会

二是"健""优"并举，不断完善团组织运行机制。指导全区 24 个乡（镇、街道、新型社区）及 271 个村（社区）团支部完成换届，推动实现村（社区）团组织、符合条件的非公企业团组织全覆盖，青年社团、青年之家、网上青年社群增加到 40 余个，团的基层组织形态创新有效推进；积极向社会筹资源、从青年中找帮手，5 万余人次青年群体参与到团属品牌项目中，3 个购买服务项目或省级资金支持，在服务青年、疫情防控等工作中面向社会筹措物资经费 20 万余元；以团区委为"1"个核心和枢纽，以区直机关团工委、教育团工委和企业团工委"3"个机构全面覆盖，以"6"个联系片区划分 24 个乡镇街道、新型社区，建立西秀区"1+3+6"阵地团建联系工作格局，使组织穿透力和信息时效性切实增强。

🔵 荣耀积分

三是"培""管"同抓，不断提高团队伍建设质量。严格"把入口"，全面落实思政课考评优良、8 小时团课学习合格和 20 小时志愿服务时长等入团必备条件，建立完善适应青少年兴趣爱好的"团团荣耀"星级评价机制，"唯成绩"入团问题得到有效解决，团员结构合理性进一步提高；突出政治训练和思想引领"把教育"，规范建立中学（中职）团校 41 所（中职 1 所），驻外大学生团工委大学生团校 1 所，各基层团组织团的"三会两制一课"、主题团课等组织生活制度普遍得到有效落实；落实少先队阶梯式成长激励机制，评选少先队"红领巾奖章"个人 400 余名、集体 60 余个，全区推优入团比例和团员先进性评价支部覆盖率达 100%，"青年五四奖章""两红两优"等激励做到团内荣誉系统记录全覆盖。

四是"上""下"贯通，不断夯实改革支持保障。努力向上级"争"，积极争取团建工作经费纳入党建经费整体计划，实现团建、队建工作纳入党建工作部署和年度抓党建成效考核指标体系及区委巡察监督范围、重大事项督查督办，层层压实主体责任；努力向同级"联"，实现团区委书记兼任区教育工委副书记，区教育局班子成员兼任区教育团工委书记双向交叉任职，团建、队建工作成功纳入教育系统党建督查内容，团教关系深度融合、协作明显加强。努力向下级"严"，严格落实团干部双重管理制度和团内请示报告制度，坚决执行团前教育、发展团员、组织生活、教育评议、奖励处分等规定，给予违反相关法律规定的 23 名团员开除团籍处分，从严从实管好团员队伍。

三、大胆探索试新路，改革创新硕果累累

深挖潜力，促进改革"焕发活力"。改革工作开展以来，西秀区大胆创新、积极尝试，形成了常态化"志愿+"服务新模式，得到社会广泛认可。

一是构建数据"志愿+"，储备志愿服务队伍。聚焦省内外高校大学

生、西部计划志愿者、青年党员、团员青年、春晖使者、校外辅导员等群体，择优招募课后服务和延时托管服务志愿者，分类建立课后服务志愿者管理台账，储备六类志愿服务人员共 362 人。

七彩假期启动仪式

二是构建云端"志愿+"，打造志愿服务品牌。强化与省内外知名高校团委及爱心协会组织协作，与清华大学、厦门大学等"985"重点高校建立合作，打造"西秀团团云课堂"全新志愿服务品牌，通过"辖区学校订单—团委按需接单—高校志愿派单"，为全区 20 所学校 3 万余名学生带来高质量线上教育。

三是构建实践"志愿+"，拓宽组织服务载体。建立"团团小课堂+红领巾积分超市"，鼓励少先队员周末、假期到校外少先队组织报到，开展校外志愿实践"打卡"活动，逐步形成校内外互为补充的少先队工作新局面。探索"团组织＋少先队＋青年社工机构"全新模式，以团队阵地为依托，通过政府购买形式，引进专业化社会机构，为少年儿童提供课后陪伴、心理疏导、安全教育等专业服务。

🔺 "喜迎二十大 争做好队员"主题活动

改革只有进行时，没有完成时。西秀区将坚持围绕中心、服务大局，进一步发扬改革创新精神，蹚出"西秀路子"，闯出"西秀经验"，推动我区共青团改革再上新台阶，为西秀现代化建设贡献青春力量！

水城区探索"片管委"激发乡村治理新活力试点

中共水城区委组织部

近年来,为深入贯彻落实党中央关于实施乡村振兴战略的决策部署,加快推进乡村治理体系和治理能力现代化,水城区抢抓被确定为贵州省党建引领乡村治理9个试点县(区)之一机遇,探索实施村党组织领导下的乡村振兴片区管理委员会(简称"片管委")治理模式,增强群众自治能力,激发乡村治理新活力。

一、构建"片管委"治理架构

(一)优化治理单元

按照便于组织、管理、服务的原则,科学确定片区人口容量,优化治理服务半径。将地域面积、人口规模适中的村民小组保留为一个片区,将地域面积、人口规模过小的村民小组合并为一个片区,将地域面积、人口规模过大的村民小组划分为数个片区,每个片区人数保持在800-1000人,破解基层治理单元划分不均衡、不合理的难题。目前,全区2611个村(居)民小组共划分为646个片区,并成立"片管委"。

◢ 六盘水市水城区蟠龙镇百车河社区中心片区党群服务中心

（二）优化组织设置

充分发挥党建引领作用，采取"片区党支部（党小组）+片管委"的形式，在片区设立党支部或党小组，实行片区党支部书记或党小组长与"片管委"主任"一肩挑"，实现治理力量由过去的一名村民小组长增加为"片管委"3～5名委员。片区党支部（党小组）广泛动员和组织群众积极参与片区事务，构建党组织领导下的组织协调、议事决策、矛盾化解的基层治理运行机制，乡村治理实现由一名小组长到一个自治组织的转变。

（三）优化人员结构

按照"就地选才"与"广聚群贤"相结合的原则，"片管委"委员注重从公道正派、热心公益事业的党员、致富带头人、乡贤寨老、离退休干部等人员中推选。目前，全区"片管委"委员3250名，646名"片管委"

主任中，退休干部占 8%，外出务工返乡能人占 34%，原小组长占 56%，中专及以上毕业生占 62%，平均年龄 42 岁，有效解决改革前村（居）民小组长年龄偏大、学历较低等问题，让乡村人才在基层治理一线聚集。

🔵 六盘水市水城区勺米镇梭沙村红布片区党员群众服务中心

二、健全"片管委"治理机制

（一）明晰职能职责

"片管委"在村支"两委"的统一领导下，独立承担本片区社会事务和服务管理工作。围绕基础信息采集、村民事务代办、社情民意联络、政策法规宣传、环境卫生监督等方面履行职责，以群众需求为导向，建立便民服务、民生实事、"微心愿"等三张清单，让"片管委"成为信息交流站、民生服务站，打通联系服务群众的"最后一公里"。

（二）建立管理机制

出台《村党组织领导下的乡村振兴片区管理委员会管理办法（试行）》，"片管委"参照执行村级组织运行"学习、议事、公开、监督、项目管理、财务管理、联系帮扶、述评考核"八项机制。按照"片区问事、协商议事、自治管事"的原则，分类统计和建立片区民生事务、群众需求等工作台账，适时组织村民代表召开"片管委"会议，及时将各类需求事项上报村支"两委"研究解决。较改革前，治理服务更加精细，议事协调更加规范。2022 年以来，共召开"片管委"议事协商会议 300 余次，讨论研究事项 2300 余项，解决问题 2100 余个。

（三）强化考核激励

改革前，1000 元/月的待遇难以满足村（居）民小组长家庭日常开销，全区村（居）民小组长 94.18% 是兼职，推行"片管委"治理模式后，采取"基础补助＋绩效激励"的方式，"片管委"主任待遇为 2500 元/月，提高了基层治理人员待遇，工作积极性显著提升。将优秀"片管委"委员纳入村干部信息库，作为村干部后备力量进行动态储备跟踪培养，全面打通优秀村民向"片管委"委员、"片管委"委员向村干部转变提升的职业渠道，有效破解了村干部后备力量停留在"名单"上，选不出、用不成的问题。目前，90% 的"片管委"主任、25% 的"片管委"委员纳入村级后备干部跟踪培养。

三、优化"片管委"治理方式

（一）集体会商治理

"片管委"的日常事务必须经集体研究决定，每月至少召开一次"片管委"工作会议，研究基础设施建设、产业发展、民生保障等涉及群众切身利益的事项。由"片管委"提议，通过群众会、村民代表会等商讨决定后公开，保障群众的自主管理权、参与权、知情权。每个"片管委"建立微信群，搭建汇集民智民力、收集民情民意、反馈民声民心的"连心桥"，将本片区在外务工经商、在校大学生、致富带头人等吸纳进群，重要事宜充分听取各方意见建议。

（二）干群联动治理

依托片区党支部（党小组）、"片管委"组建文娱宣传服务队、红白喜事管理队、环境卫生监督队、矛盾纠纷调解队四支队伍，推行群众用APP"点单"办事，片区党支部（党小组）统一指挥"派单"交办，"片管委"和四支队伍"接单"办理，群众"晒单"评价的四单管理模式，形成信息受理、流转、处置、反馈、评价的闭环式服务体系。目前，全区共组建 2800 余支队伍累计开展志愿服务 1.2 万余次，参与人居环境整治 8300 余次，矛盾纠纷调处 6800 余次。

（三）数字赋能治理

推进数字乡村建设，打造"水城守望·智慧乡村"数字化治理平台，整合基层党建、产业布局等基础数据，健全信息收集、探头站岗、鼠标巡逻、数据预警等功能，通过乡村治理数字应用平台调度安全生产、产业管护、地灾防治等实时状况，推动乡村治理手段由"管控"向"智控"转变。目前，成功监测预警并妥善处置森林火灾 68 起、地质灾害 45 起、河流排污 64 起，有效制止 98 名群众在危险区域活动，得到了群众的一致认可和好评。

△ 水城守望·蟠龙先锋

大方县健全党组织领导下的自治法治德治相结合的乡村治理体系改革试点

大方县财政局

2018 年以来，大方县以开展全国健全党组织领导下的自治法治德治相结合的乡村治理体系改革试点为契机，创新党支部带强、合作社带富、自治法治德治相结合的"两带三治"乡村治理机制，探索创建政治素质好、发展能力强、服务质量好、治理能力强的"双好双强"基层党组织，打造改革试验升级版。《大方县凤山乡银川村"两带三治"模式助力乡村振兴》典型经验获农业农村部《乡村振兴》采用，《大方县创新"乡村治理督导员"机制推进乡风文明上台阶》《大方县"四个四"机制推进全国乡村治理体系改革试点》获《贵州改革情况交流》采用，并获省市有关领导签批肯定。中共毕节市委、市政府出台《关于推广乡村治理督导员工作机制提升乡村治理能力的实施意见》在全市推广。

🔵 大方县慕俄格古城贵州宣慰府全景

一、紧盯三个环节，夯实组织堡垒

以提升基层党组织引领带强能力为重点，把基层党组织建设成为领导基层治理、团结动员群众、推动改革发展的坚强战斗堡垒。一是配强村级班子。构建"优秀人才—村后备干部—村干部—村党组织书记"培养体系，261 个村（社区）实行支书、主任"一肩挑"。大力实施"春笋工程"培育村级后备干部，储备村级后备干部 578 人。二是育强党员队伍。大力推行"双培双带"工程，采取专题辅导、网络培训等方式，确保党员干部学习"不掉队"。探索建立无职党员分类管理、设岗定责、评价激励机制，激发无职党员先锋模范作用。三是建强基层组织。制定《关于创新组建联村党委促进产业发展巩固脱贫成效助力乡村振兴的实施意见》，创新组织设置。建立村级联席会议制度，拓展党员群众参与村级事务平台，切实把群众发动起来、组织起来。常态化开展党支部标准化、规范化建设。目前，全县组建联村党委 4 个，创建省级示范党支部 5 个。

🔵 绿塘乡乡村治理督导员工作推进会

二、开展三项行动，凝聚发展合力

将发展壮大村级集体经济作为提升基层组织凝聚群众、服务群众能力的重要途径，多渠道增加村集体经济积累，为乡村发展夯实物质基础。一是开展"书记项目"行动。聚焦基层党建的突出问题和薄弱环节，从强化各级党组织书记主体责任入手，采取"乡级申报＋县级审核备案"的方式建立"书记项目"库。同步建立乡、村两级党组织书记抓党建促乡村振兴 10 条任务清单，明确组织振兴的基本任务，实行项目化推进，清单化管理。二是"办社攻坚"行动。抢抓国发〔2022〕2 号和《推动毕节高质量发展规划》文件重大机遇，积极探索"东部市场＋大方产品""飞地经济""农业＋"等新业态、新模式。深化农村"三变"改革，培育党支部领办集体合作社 578 个。探索跨区域建立产业合作社或组建合作社联社，选派 156 名干部结对指导 436 个党支部领办集体合作社，提高产业致富带动能力。2022 年村集体经济经营性收入达 3200 万元，积累达 1.64 亿元。三是开展"能人培育"行动。积极开展现代农民培育计划和农村创业创新带头人培育等行动，培养造就大批"土专家""田秀才"等乡村实用人才。深化科技特派员制度，创新推行"党建＋劳务协作"等制度，针对性选派专业人才下沉乡村，为乡村振兴注入新活力。在全县遴选 208 名专业技术人才和 553 名"土专家"组建技术服务队，到基层开展服务活动，切实转变农民发展观念和深化农业发展机制。

▲ 2020 年绿塘乡管事表彰大会

三、构建三个体系，提升治理效能

突出群众主体作用，健全基层党组织领导下的乡村治理体系，激发村民参与乡村治理的内生动力，助推自治法治德治融合，不断形成共建共治共享的治理格局。一是自治体系增活力。聚焦村民自我服务能力提升，建立人民调解委员会、爱家协会等农村社会组织 588 个。探索村规、组规、家规"三规共治"机制，组织 289 个村修改完善村规民约，推动群众事情自己议、群众事情自己定、群众事情自己办。创新"乡村治理督导员"机制，从管事族长、乡贤寨老等群体中选聘优秀人才担任乡村治理督导员参与社会治理，推动群众自我管理、自我服务、自我教育、自我监督。二是法治体系促和谐。探索"警民议事会、警务联席会"+"十户联防"的"2+10"社会治安管理机制，深化"一中心一张网十联户"基层治理机制，深入开展诉源治理，成立诉讼服务中心，规范建设县、乡、村综治中心，建立诉源治理调解矛盾纠纷奖励机制，全市诉源治理工作现场会在大方召开。创新一村一名法律顾问机制，整合公职律师、干警等 289 名下沉到村开展法律咨询等服务。依托"政法大走访"推进"法治讲堂"进村寨、"法治春联"进农家。创建国家级"民主法治示范村"两个。三是德治体系扬正气。聚焦弘扬传统美德，探索推进"六好"措施，即安好新时代大喇叭、树好宣传标语、组好文艺队伍、建好文化场所、用好新时代文明实践中心、开好道德超市。围绕"大方无隅·茂德有邻"志愿服务主题，开展新时代文明志愿服务、文明讲习活动。聚焦培育家庭美德，创新"家庭文明档案"机制，制定"文明诚信"准则，开展文明评比，对村民进行正向激励和反向约束。聚焦树立个人美德，注重典型宣传，开展"三美三好""身边好人"等评选活动，用榜样的力量激发村民向上向善的积极性。

江口县生态产品价值实现机制试点

江口县发展和改革局

江口县生态环境优美，生态资源禀赋、生态优势明显。有良好的植被，森林覆盖率 77%，可发展林下经济面积 4.5 万公顷。有清新的空气，梵净山及周边区域负氧离子高达 8 万个 /cm³，有"中国天然氧吧""空气罐头"美誉。有干净的水，境内有 4 条主要河流和 99 条溪流，地下水资源储量 24 亿立方米，全部为 II 类以上水体。有多样的生物，梵净山有珍稀动植物 7000 余种，被誉为地球绿洲、动植物基因库。

江口生态这么好，经济却不发达，人民却不富裕。全县上下迫切希望，既守护好绿水青山，又能实现金山银山。近年来，我们深入贯彻习近平生态文明思想，创新生态产品价值转化实现机制，推动生态价值可度量、可转化、可变现、可持续，努力把绿水青山变成金山银山。

一、建立核算机制，实现生态产品价值可度量

与中国质量认证中心成都分中心合作，科学编制 GEP（生态系统生产总值）核算指标体系，建立以生态系统物质供给、调节服务、文化服务为主的生态产品价值核算体系，定期收集统计各指标数据，并进行核

算，实现生态价值可度量。目前，已完成 2018 年、2019 年、2020 年的 GEP 核算，分别为 372.31 亿元、418.66 亿元、360.43 亿元，分别是当年地区生产总值的 6.27 倍、6.24 倍、5.14 倍。江口县连续 4 年在全市生态文明考核中位列第一名。

二、突出开发机制，实现生态产品价值可转化

大力发展生态产业，促进生态价值转化成经济价值。生态农业方面：发展生态茶 1.1 万公顷，建成全省最大抹茶标准化生产基地；冷水鱼年产 7320 吨，产量超过全省 25%，是全省唯一的"一县一业"冷水鱼产业县；中药材 0.31 万公顷，是全省最大的淫羊藿种苗繁育和种植基地；建成绿色、有机农产品基地 0.51 万公顷。生态林业方面：共获批立项国储林 7 期 2.83 万公顷，占全省的 4%，募集资金 40 亿元，到位 12 亿元，完成建设 0.32 万公顷；发展林下经济 0.53 万公顷。生态工业方面：引进贵茶集团、屈臣氏、农夫山泉等知名企业，形成"茶产业""水产业"两个 10 亿级生态特色产业集群。生态旅游方面：依托梵净山品牌，深入推进全域旅游示范区创建，建成国家 AAAAA 级旅游景区一个、AAAA 级旅游景区两个、AAA 级旅游景区三个，发展民宿、酒店等涉旅企业及个体 1600 余家。2022 年全县过夜游客 82.41 人次，旅游综合收入 56 亿元。经过测算，2022 年全县绿色经济占比达 60%。

🔵 江口县德旺乡净河冷水鱼标准化养殖示范基地

三、畅通市场机制，实现生态产品价值可变现

建立"垃圾积分兑换"机制，通过设立"垃圾兑换银行"和积分兑奖，让垃圾产生价值，实现"变废为宝"；江口县农村生活垃圾积分兑换机制列入国家生态文明示范区改革举措和经验做法推广清单。抢抓江口作为全省绿色金融改革创新发展试点县机遇，挂牌成立绿色金融发展中心，创新设立"梵净生态账户"，制定梵净山生态账户管理办法，从绿色生态资产、生态生产、生态生活、绿色生态支付4个维度为5类市场主体构建生态账户指标体系和信息数据目录，利用账户积分评级授信，发放"生态贷款"，成功打通生态价值转化通道。累计设立"梵净生态账户"1228户，授信2.23亿元，发放"梵净生态贷"982笔1.48亿元。江

口生态产品价值实现机制经验做法荣登贵州改革情况交流，被人民日报2022 年 10 月 10 日头版宣传评价为：贵州扎实推进生态文明建设的缩影。积极探索生态价值交易，组建贵州梵净山生态产品价值管理有限责任公司和生态产品价值交易中心，通过增减挂钩指标流转土地 137.3 公顷，获得生态补偿 3.07 亿元；引进湖南森海碳汇公司分三期开发林业碳汇 6.7 万公顷，推动生态资源权益指标交易，促进 GEP 向地区生产总值转化，实现良好生态与经济发展互利共赢。经过测算，2018 年至 2020年，江口县 GEP 向地区生产总值转化率分别为 15.4%、16.03%、19.5%。

🔵 江口县农村信用合作联社"梵净生态账户"绿色贷款首发仪式

四、严格保障机制，实现生态产品价值可持续

深入推进"河长制""林长制"，严格执行"长江十年禁捕"部署，全面加强生态环境保护。严格生态资产确权机制，分阶段开展水、森林等

自然资源资产统一确权登记，划清产权主体、权属边界，为生态价值实现提供基础支撑和产权保障。将 GEP 核算成果纳入"三重一大"决策和项目验收评价体系。严格生态环境考核机制，将 GEP 总量变化情况纳入高质量发展考核体系和领导干部任职审计内容，重点围绕生态产品供给、生态环境质量提升、生态功能保护成效，开展领导干部任期履行自然资源资产管理和生态环境保护责任审计。严格生态保护治理机制，制定生态环境保护责任清单，建立生态环境联动执法、生态环境公益诉讼等制度，设立梵净山巡回法庭、生态环保检查室；建立生态系统占补平衡机制，对破坏环境不能恢复的，采取异地恢复方式，换取生态空间使用权，受理环境资源类案件 218 件，审结 213 件，责令实施生态修复 33 件；梵净山生态环境案入选最高人民法院《依法保护文物和文化遗产典型案例》。

🔵 铜仁市绿色金融改革创新发展试点县推进工作专题会

生态文明建设任重道远，生态价值转化未来可期。我们将绵绵用力、久久为功，积小步、成大步、不停步，继续在生态价值转化工作中大胆探索、先行先试，勇当改革"闯将"、探路"先锋"，奋力在生态文明建设中闯新路、出新绩。

诚挚邀请各位评委、专家到"梵净江口·养心天堂"检查指导工作、旅游体验生活。我在梵净山下等你！

德江县农民建房管理中村规民约自律自治改革试点

中共德江县委改革办

近年来，随着脱贫攻坚任务的全面完成和同步小康的如期实现，农村人居环境不断改善，农民住房全面保障，农民素质得到提升，生活水平越来越高。但是农民自建房仍然存在问题：一是临危而建乱选址。建房时既不考虑永久基本农田和生态保护红线，也不注重安全问题，随意性较大，存在极大安全隐患。二是贪大求洋互攀比。错误地认为修大房是能力体现，盲目举债修建大房、空心房，导致部分群众因建房陷入"攒钱 10 年、还账 5 年"的困境。三是建而不住多闲置。部分群众因常年外出务工，或在县城又购买商品房，农村房屋长期无人居住，出现"十房九空"现象。四是风貌凌乱不协调。部分群众习惯性只顾建房、加层，对房屋风貌和内饰都不重视，出现大量框架房、毛坯房，严重影响村庄风貌。五是漏管失管无约束。针对农民建房管理没有较好的约束机制，村级无权管，乡级无力管，县级管不来。

针对农村乱建房现象，推行农民建房管理改革势在必行。2022 年，我们把"农民建房管理中村规民约自律自治改革"作为"一县一试点"探索推进，在我县 5 个村（社区）先行先试。经验交流信息得到时任省人大常委会党组副书记、副主任蓝绍敏肯定性批示，同时得到省市领导现场指导，为我县推进改革试点工作把脉问诊。

一、主要做法

农村建房管理重点在源头，关键在群众。为充分发挥村民自律自治作用，我县将农民建房审核、宅基地选址和施工监管等权限，从乡级下放到村级一体推进，并纳入《村规民约》，创新严把"四关"高质量、高效率推进改革试点工作。

🔵 组织召开农民建房管理中村规民约自律自治改革研讨会

一是严把村庄规划关。我们把"多规合一"实用性村庄规划编制作为规范农村建房行为的重要抓手。通过深入调研，充分尊重群众意愿，发挥村民主体作用，引导村民参与和监督村域"三区三线"划定，按照人均120平方米指标预留建设用地，户与户之间至少留足前后1.5米通道。科学编制含效果图、平面图、立面图、剖面图及建筑结构、水电施工图的"新农村建房通用图集"10套供村民参选。同时，把"一户一宅、多占必退"纳入《村规民约》，宅基地面积控制不得超过《贵州省土地管理条例》规定的上限标准。乡村建设规划许可证、农村宅基地批准书实行并联审批，未取得规划许可的不办理用地手续。

二是严把建房审批关。符合建房申请条件的，以户为单位向村民小组提出建房申请，充分发挥邻里乡亲知根知底优势，组织村民代表现场踏勘，召开群众会进行"三评"初审（一评是否为"一户一宅"，二评是否符合村庄规划，三评占地〈建房〉面积是否符合要求），初审通过的提交村级审核；村委会收到村民小组初审意见后，组织开展"四审"（一审建房资格，二审工匠资质，三审建筑风貌，四审经费预算），审议通过的报乡镇农业服务中心；乡镇农业服务中心联合相关部门进行实地勘查，对符合要求的现场放线、绘制宅基地宗地图，载明宅基地位置和四至边界，出具乡村建设规划许可证、农村宅基地批准书，报县直主管部门备案。实现农民建房审批"一站式"服务、群众"只跑一次"。

三是严把工匠资质关。出台《德江县农村建筑工匠管理办法（试行）》，成立德江县农村建筑工匠协会，推选业务精、口碑好的农村建筑工匠分别任县、乡两级会长和副会长。以"理论＋实操"方式开设农村建筑工匠技能培训班，邀请有资质的建筑工程师或经验丰富的农村建筑工匠，围绕建筑识图、施工技术、施工安全、政策法规等知识开展培训，进一步提高建筑工匠的技能和法律意识。把农村建筑工匠持证上岗纳入《村规民约(居民公约)》,接受村民监督,让无证作业者找不到活、做不了事。建立农村建筑工匠档案管理制度,要求工匠严禁承接无设计图纸的农房建设工程,并将未批先建等不良行为记入档案,做到从源头管住建筑工匠,摒弃违规建房行为。

四是严把全程监管关。对已经审批发证的在建房,制作包含建房面积、建筑工匠、限建层高等信息的农村建房施工图表,在建房地点挂牌公示,接受群众监督。建立县、乡、村三级联动监管机制,实行"一支队伍管执法",统一设置举报电话、举报信箱等,加强农村建房监管。乡镇组织开展房屋竣工验收,验收合格的出具房屋竣工认可证,按程序上报办理不动产产权证。

🔵 推进农民建房管理改革后规范建房案例

二、主要成效

"一县一试点"改革工作推行以来，主要取得了五方面成效。

一是节约了建房土地。各村统一标准，坚持"一把尺子"管到底，严格控制占地面积、院落面积，新建住房户均占地面积比改革前少 40 平方米，节约了土地资源。

二是降低了建房成本。引导村民按需建房，充分发挥协会和建筑工匠对建材市场熟悉的资源优势，为村民提供优惠、可靠的建材渠道，既降低了建房成本，又保障了建材质量。

三是统一了建房风貌。引导村民选用"黔东北民居设计通用图集"，建筑面积、层高、风貌等得到有效控制，真正实现建筑风貌和居住适用有机平衡。

四是保障了建房安全。通过推行建房管理改革，村民不再到已确认的地质灾害隐患点、洪涝灾害控制线、公路规定退让控制线等危险区域选址，最大程度消除建房隐患。

五是实现了建房自治。让村民享受到参与改革的成就感、获得感，真正实现村民事村民议、村民事村民管、村民事村民治。

新场社区居民公约

为加强基层民主政治建设，提高全体村民自我管理、自我教育、自我服务、自我约束能力，创建乡风文明、社会和谐、人民居安的生活环境，根据国家有关法律法规制定本村规民约，经全体村党员、村组干部、村民代表会议研讨一致通过，望全体村民持之以恒遵规守约，相互约束，自觉形成自律自治。

一、思想建设（分值：0.5分）

1. 拥护中国共产党的领导，认真执行党的路线、方针、政策，积极配合支持各级党委、政府正确决策部署，协同推进地方经济社会高效发展，对不配合的村民列入不信用名单。

二、社会治安（分值：1.5分，每条0.5分）

2. 每个村民要学法、知法、守法，自觉学习《民法典》，维护法律尊严，积极同一切违法犯罪行为作斗争。

3. 村民之间应团结友善、和睦相处，不参与打架斗殴、不酗酒滋事，不扰乱公共秩序；严禁偷盗敲诈，严禁参赌涉毒，严禁侵占他人财产，严禁非法经营，严禁欺行霸市，严禁乱砍滥伐。

4. 全体村民要爱护公共财产，不得损坏水利、道路交通、供电通信、生产等公共设施，不得损害村级产业和他人利益，造成损失的照价赔偿。

三、安全生产（分值：1.5分，每条0.5分）

5. 加强户外用火管控，严防引发山火；家庭用火做到人离火灭，严禁将易燃易爆物品堆放户内。

6. 注意用电安全，室内外电线要定期检修，严禁乱拉乱接电线，对存在问题的要请电工或懂电人员维修。

7. 严禁酒后驾驶、疲劳驾驶，严禁超员超载，车辆进寨要文明行车、规范停放，严禁长鸣喇叭影响他人生活。

三、民房报建（分值：2分，每条0.5分）

8. 按需申请。凡是需要拆建、新建、改造房屋的村民，必须如实填写"农村宅基地申请表"，自觉遵守村民小组评议和村级审批制度。建房要算好经济、安全、法律"三笔账"，严禁大修大建、非法违建；申请人必然是年满18周岁以上的本地户口居民。

9. 规范选址。新建住房选址遵循"依山而建、聚集而居"和"节约用地、一户一宅"原则，必须在"村庄规划编制图"范围合理选址，不得在"三条红线"、地质灾害和洪涝灾害风险控制线、公路控制线范围选址，不得侵占集体用地和他人土地资源，邻里房屋间距1.5米以上。

10. 统一风貌。新建、改造住房严格按照选定的《农房设计通用图集》"挂图施工"，建筑工匠必须持证上岗，主动接受监督。

11. 文明施工。建筑材料和建筑垃圾严禁乱堆乱扔，给排水严禁乱排乱放，严禁偷工减料，严禁裸露施工，严禁分期修建，严禁违规多建。

新建房户必须缴纳保证金1000元，竣工验收合格后足额退还。

德江县煎茶镇新场社区居民公约 1

四、村庄治理（分值：1.5分，每条0.5分）

12. 规范行为。村民要养成良好的创卫爱卫习惯，室内外随时保持干净整洁，实行日清扫制度，规范堆放生活物品（包括农具），庭院无杂草等。主动参与公共卫生建设，实行门前三包责任制，生活垃圾做到集中投放。

13. 规范养殖。所有家畜必须圈养，圈舍实行日清扫、定期灭虫杀毒，如家畜出圈在村庄内公共场所产生粪便，当事人必须第一时间清扫；凡是家畜感染疫病的，一律不准上市交易，并及时向村民小组组长报备后选址深埋。

14. 规范葬坟。严格落实"统一规划、合理布局、节约用地"的原则，不得修建超标墓、豪华墓、活人墓，不得违规葬坟损害邻里乡亲利益。

五、邻里关系（分值：0.5分）

15. 和谐相处。村民之间要互尊、互爱、互助，做到邻里和谐，遵循平等、自愿、互惠互利的原则，发扬社会主义新风尚。邻里矛盾协商解决，协商不成的可申请村委会调解或依法向人民法院起诉，要树立依法维权意识，不得以牙还牙，以暴制暴。

六、民风易俗（分值：1分，每条0.5分）

16. 提倡移风易俗，不崇洋媚外；不搞封建迷信活动，不请神弄鬼；不参加邪教组织，不信谣传谣；不拉帮结派，不以强欺弱；加强自我约束、守洁不淫。

17. 破除陈规旧俗，反对铺张浪费，严格遵循"先申请后办酒"的原则。提倡喜事新办，白事一律简办，严禁大操大办，为期不得超过5天；严禁违规办酒，房子酒、生日酒、立碑酒、月米酒、升学酒一律禁办。

七、家风家训（分值：1.5分，每条0.5分）

18. 遵循"婚姻自由、男女平等、一夫一妻"原则，严禁家庭暴力，严禁包办婚姻，严禁非法婚育。

19. 自觉遵守《中华人民共和国计划生育法》，禁止非法胎儿性别鉴定和人工终止妊娠，禁止非法收养，禁止歧视、虐待、遗弃女婴，破除生男孩才能传宗接代的陋习。

20. 弘扬传统美德，加强子女训导，倡导尊老爱幼、赡养老人的良好道德，严禁虐待、遗弃老人；严格落实《中华人民共和国教育法》，训导子女树立积极向上新思想，在义务教育阶段不辍学、不逃学。

八、约束办法

21. 以上条款记入"村民信用档案"（每次单项加减分值0.1分），每户积分以"0"为基数，有重大贡献的酌情加分，违规违约的对应扣分，并在村务公开栏和群众会上点名通报。全年积分为正值的，同等条件下优先享有惠民政策及"文明户""模范户"等参评资格；积分为负值的，不得参与评选。

22. 本居民公约由煎茶镇新场社区居民委员会解释。

🔵 德江县煎茶镇新场社区居民公约 2

长顺县加强统计基层基础推进统计现代化建设试点

长顺县统计局

一、改革背景

党的十八大以来,习近平总书记多次强调指出,要防止各条线多头重复向基层派任务、要表格,让基层把更多时间用在抓工作落实上来。2019年3月和6月,党中央和贵州省先后下发了《关于解决形式主义突出问题为基层减负的通知》,黔南布依族苗族自治州把清理规范表格作为为基层减负的一个重要举措。2021年4月中共中央国务院《关于加强基层治理体系和治理能力现代化建设的意见》指出,要推进村(社区)数据资源整合,实现一次采集、多方利用。同年6月,国家统计局印发了《关于进一步加强统计基层基础建设的意见》;8月,省统计局将长顺县和丹寨县作为全省加强基层基础建设推进统计现代化建设试点县。在省、州统计和大数据部门的鼎力支持下,我们坚持以问题为导向,着力从"一张表、一平台、一中心、一张网"四个方面入手,在夯实统计基层基础建设的同时,切实减轻基层负担。通过一年的努力,"一张表"的做法得到了省级认可并写入《2022年贵州省改进作风狠抓落实工作要点》,要求精简村级数据填报指标 50% 以上。

🔵 2022 年 7 月 1 日，召开长顺县加强统计基层基础推进统计现代化建设改革试点

工作推进会暨"黔南州基层减负工作平台"业务培训会

二、改革举措

第一，聚焦报表繁多、重复报送等问题，坚持"多表合一"，完善村级统计"一张表"。一是摸清报表底数。建立全县表格清理减负工作调度机制，采取"自上而下""自下而上"的方式，对全县表格进行全面梳理，共梳理州县下发表格 730 个。二是整合报表格式。按照多格合一、流程再造的方式，对下发至村级报表统一编码，整合了 50 余家单位报表，形成 1 张主表和 13 张采集表、21 张共享表。主表指标由 832 个整合为 171 个，其他采集表指标由 492 个整合为 77 个。三是严控报表出

口。按照"谁采集谁负责、现有指标不重采、新增指标需审批"的原则，制定长顺县村级"一张表"试点统计报表制度，并报省统计局批准实施，切实管住报表出口。

🔵 2022 年 8 月 24 日，贵州省统计局到长顺县召开统计现代化改革试点暨村级"一张表"平台测试座谈会

第二，聚焦渠道不一、多头报送等问题，坚持"多网融合"，搭建数据上报"一平台"。一是一个渠道、多网融合。将清理规范后的"一张表"纳入黔南布依族苗族自治州数字乡村基层减负平台管理，除该平台外不得再使用其他渠道布置报表工作，实现一个渠道报送、多网融合。二是一次录入、多次使用。将现有数据资源导入"一张表"平台，形成专题数据库，各部门通过平台自行抓取所需数据，不需基层反复报送、多头填报，实现一次数据录入、多次使用。三是一次生成、多方共享。

完善平台功能，明确指标牵头单位职责，实现采集表上报后自动生成共享表，同时预留数据接口，让各单位数据有序对接，实现一个接口导出、多方共享。

第三，聚焦数据壁垒、信息孤岛等问题，坚持"多方共享"，建立数据分析"一中心"。一是建立数据共享机制。由县大数据发展服务中心牵头，加速推动跨部门、跨系统和跨行业间的数据清洗和导入，部分数据实现了部门之间的共享，并初步完成了县、镇、村三级数据可视化系统建设。二是建立报表管理机制。制定出台《长顺县基层统计报表管理实施细则》，对表格的制发流程进行严格把控，印发表格制发计划清单，着力改变部门"需要数据就向基层伸手"的惯性思维，做到"清单之外无表格"。三是建立督导调度机制。定期调度试点工作推进情况，并纳入县综合考核的重要内容，及时研究解决存在的问题和困难。同时，由县"两办"和统计等部门组成督查组，定期检查通报推进情况，确保问题及时研究、及时解决。

🔵 2022年5月19日，贵州省村级基础数据"一张表"设计研讨会在长顺召开第四，聚焦力量薄弱、管理困难等问题，坚持"多岗合一"，构建统计调查"一张网"。通过两年的努力，县统计局新增了两名编制，部门和乡镇均设置了统计工作岗位、明确了分管领导和 1 ~ 2 名统计员，特别是村级都有 1 名专职统计员，负责相关指标采集、填报、审核、共享等工作，岗位职责高效整合，解决了人人都在报表的问题，同时明确了 714 名网格辅助调查员，形成从网格—村级—乡镇—县级统计机构及业务主管部门的统计管理"一张网"，实现了有人员、有场地、有设备、有制度、有审核、有台账的"六有"目标。

三、改革成效

长顺县的做法被《贵州改革情况交流》刊载后，得到了各级领导的高度关注，州政协将此做法升级为"最多报一次"改革的建议，并列为今年省政协提案，"四个一"的改革举措也实现了从改革试点到全省推开。一是"一张表"全省推广。2022 年 12 月 22 日，省"两办"下发了《关于开展村级基础数据"一张表"统计工作的通知》，正式在全省推广"一张表"工作。二是"一平台"全面升级。黔南布依族苗族自治州数字乡村基层减负平台升级为全省村级基础数据"一张表"平台。三是"一中心"全力保障。由省大数据局负责开发建设"一张表"统一数据库，各级大数据部门负责管理维护本级数据库。四是"一张网"全省联通。目前全省共完成 10.32 万个统计人员账号注册工作，实现了统计调查"一张网"省、市、县、乡、村五级全面联通，统计基层基础全面夯实。

在下一步工作中，我们将充分发挥试点县的优势，采取"五个规范化"推进"一张表"统计工作，推动基层统计工作组织体系规范化、工作阵地规范化、管理制度规范化、工作流程规范化、档案资料规范化，努力实现"一次采集、多方利用"的目标，力争为全省"一张表"工作和"最多报一次改革"提供新的"长顺方案"。

▲ 2023 年 5 月 11 日，湄潭县有关单位到长顺县调研统计基层基础工作

扫一扫轻松关注

"贵州改革"微信公众号